Ein ganzes Leben in einer Hutschachtel

Biografische Reihe »Nahaufnahmen«

Die Deutsche Bibliothek verzeichnet diese Publikation
in der Deutschen Nationalbibliografie.
Detaillierte bibliografische Daten sind im Internet abrufbar unter
http://dnb.d-nb.de

2. Auflage Februar 2014
© 2014 Marta Press Verlag Jana Reich, Hamburg, Germany
www.marta-press.de
Alle Rechte vorbehalten.
Kein Teil des Werkes darf in irgendeiner Form (durch Fotografie, Mikrofilm oder andere Verfahren) ohne schriftliche Genehmigung des Verlages reproduziert oder unter Verwendung elektronischer Systeme verarbeitet, vervielfältigt oder verbreitet werden.
© Umschlaggestaltung: Niels Menke, www.design-kontext.de
unter Verwendung eines Fotos von © Ulla Rogalski (Berlin) und
eines Tapetenentwurfs von © Dagobert Peche.
Grafik & Satz (größtenteils übernommen von der E-Book-Version):
Andreas Naurath, Berlin, www.naurath.de
Printed in Germany.
ISBN 978-3-944442-13-6

Ulla Rogalski

"Ein ganzes Leben in einer Hutschachtel"

Geschichten aus dem Leben der jüdischen Innenarchitektin
Bertha Sander 1901-1990

Teil I: Vom Treppengespräch zur Museumsrecherche

Die Innenarchitektin im Exil und eine Ausstellung im Museum 9
Zwei kleine Tische und kein Interview 13
Berthas Rosentapete und andere Entdeckungen..........................15
Zwei Kisten und das „Lager" 21

Teil II: Das Leben der Bertha Sander (1901-1990)

Vorspann 27
Die Familie Gustav Sander 29
Die Familiengrabstätte..33
Das Gästebuch aus Spa 39
Ein unkonventionelles Foto 45
Der schöne Mai 1919 51
Porträt mit Bluse I..55
Porträt mit Bluse II...61
Als Innenarchitektin niedergelassen 67
Für unsere Kinder...75
Von meinem Handwerk 79
Abschied von geliebten Menschen..83
Briefe aus Athen...87
Fräulein Sander No. 20..93
Israelitische Türgriffe 97
Eine deutsche Anzeige in London 103

Alte Geschichten von Clara Sander 113
Eindeutige Kondolenzen 121
Kölsche Frau mit Hund 127
Nicht koscher 131
Patentsuche in London 133
Malsachen 137
But I am from Cologne 143
Das Lebenswerk ins Museum 147
That is what I was 153
Dagobert war einfach wunderbar 157
I was not lucky in my life 167

Teil III: Anhang

Berthas Hutschachtel zieht nach Köln 177
Danksagung 179
Bildnachweis 180

Teil I

Vom Treppengespräch zur Museumsrecherche

Die Innenarchitektin im Exil und eine Ausstellung im Museum

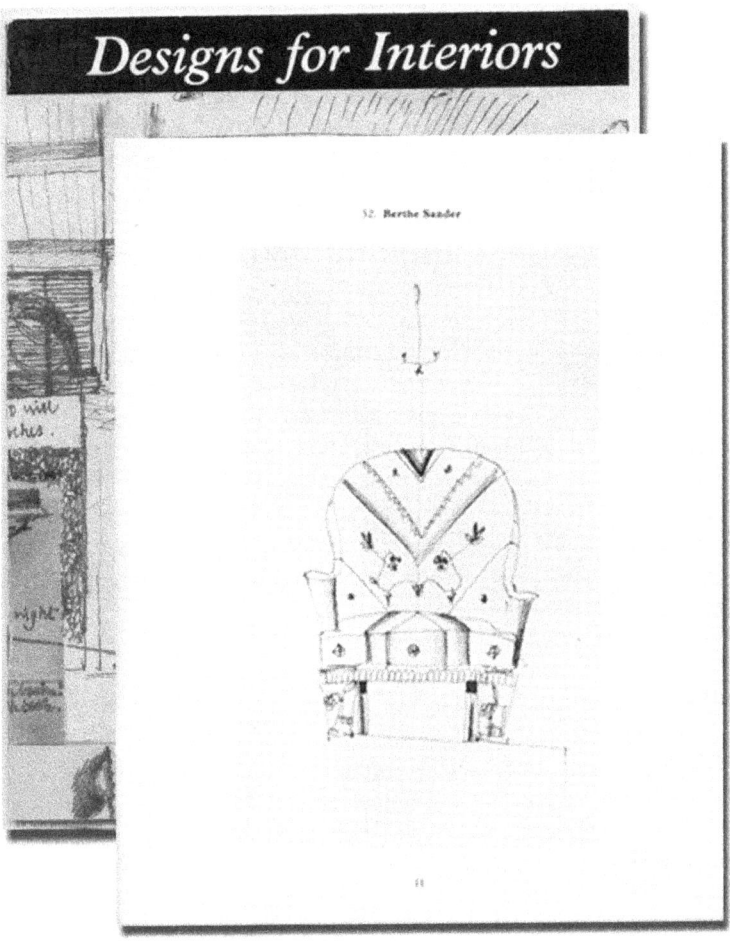

Der Ausstellungskatalog von 1986 mit „Berthas" Zeichnung.

E s ist Anfang der 1980er Jahre. Zwei Frauen wohnen in einem Heidelberger Mietshaus, sie grüßen sich freundlich, reden ab und an miteinander. Die Ältere ist kommunikativ und kulturell interessiert. Regelmäßig fährt sie nach London, um einen guten Freund zu besuchen. Als sie erfährt, dass die Frau, die über ihr wohnt, Innenarchitektur studiert hat, berichtet sie ausführlich und beharrlich über eine ältere Frau, die sie vor einiger Zeit in London kennengelernt hat. Dass diese in den 1920er Jahren in Köln als selbstständige Innenarchitektin sehr erfolgreich gewesen sein soll. Dass sie auch für Zeitschriften gearbeitet habe, beispielsweise für eine reformerische Zeitschrift, die ihre Mutter damals herausgegeben habe. - *„Sie sind doch auch Innenarchitektin, Frau Nachbarin, und arbeiten doch auch für Zeitschriften...."* - Und wunderschöne Tapeten habe sie entworfen, erzählt die ältere Nachbarin: mit dicken roten Rosen. - *„Arbeiten Sie nicht jetzt auch für eine Tapetenfabrik?"* - Ein paar Tapetenreste würden übrigens in der Hutschachtel stecken, in der die alte Dame Erinnerungsstücke aus ihrer „Glanzzeit" aufhebe. Da habe sie bei ihrem letzten Londoner Besuch einen Blick hineinwerfen können. Und zwei originale Türgriffe seien auch dabei - die habe die Kölner Innenarchitektin noch vor der Emigration für ein jüdisches Krankenhaus in Köln entworfen, als sie aufgrund ihrer jüdischen Abstammung nur noch für Juden arbeiten durfte. 1936 schließlich sei die damalige Mittdreißigerin mit ihrer Mutter nach London emigriert. Dort habe sie nie mehr in ihrem Beruf arbeiten können. Und nie wieder habe sie Deutschland besucht.

Das Lebenswerk ins Museum

1986 - News aus London: Die ehemalige Kölnerin, inzwischen Mitte Achtzig, habe sich im Vorjahr entschlossen, ihr Haus aufzugeben und ein schönes Altenheim zu suchen. Jetzt im letzten Oktober sei sie in ein kleines, privates Retirement Home auf dem Land gezogen. Zuvor noch habe sie sich von etlichen Besitztümern getrennt. Ein paar ihrer Sammlerstücke aus den 1920er Jahren seien an das Victoria & Albert Museum in London gegangen. Aber vor allem habe die alte Dame all ihre Arbeitsbelege und persönlichen Unterlagen, die aus ihrer Kölner Zeit stammen, dem renommierten Museum übergeben. Das lässt mich, die Innenarchitektur-Nachbarin aus dem zweiten Stock, erstmals aufhorchen. Auf jeden Fall muss die Geschichte stimmen, denn die Nachbarin aus dem ersten Stock ist eine vertrauenswürdige Person, sie ist Dozentin für Sozialarbeit. Erstmals wird mehr als nur höflich zugehört und vor allem wird nachgefragt. Denn eines ist jetzt sicher: Die Arbeiten, Objekte und Dokumente müssen Qualität besitzen, denn das größte Kunstgewerbe-Museum der Welt nimmt ja nicht alles, nur weil es alt ist oder aus Deutschland kommt oder von einer jüdischen Emigrantin. Deren Name ist übrigens Bertha Sander. Was gleich die Frage aufwirft, ob sie mit dem berühmten Kölner Fotografen August Sander verwandt ist: Nein, sie ist es nicht. Ich sage mir: Irgendwann muss ich ihre Arbeiten einmal anschauen - wenn 'mal Zeit dafür da ist.

Ausgestellt: Berthas Zeichnung

Dann kommt die nächste nachbarliche Sondermeldung aus London: Eine Zeichnung von Bertha Sander ist in einer Kabinett-Ausstellung des besagten Museums gezeigt worden und sogar im dazugehörigen Katalogheft abgebildet. Da sei zwar ihr Name falsch geschrieben, nämlich „Berthe Sander", sie selbst aber sei überglücklich, dass ihre Arbeit nach so langen Jahren wieder einmal Aufmerksamkeit bekommt. Und noch dazu habe der Kurator einen begeisterten handschriftlichen Brief an Mrs. Sander geschrieben! Voilà: Frau Haag, die Heidelberger Nachbarin, präsentiert stolz das Büchlein „Designs for Interiors" und schlägt die Seite elf auf. Erstmals bekomme ich etwas von Bertha zu sehen - und bin begeistert. Die Zeichnung zeigt die Vorderansicht eines gerundeten Polstersessels. Die Proportionen sind perfekt, die Strichführung ist gekonnt und elegant. Das Stoffdessin verbindet auf ungewöhnliche Weise florale und geometrische Elemente mit raffinierten Abschattierungen. Im Katalog ist vermerkt: „Berthe Sander, Vienna, Armchair design for the Wiener Werkstatte. c.1924 Pencil and crayon". Jetzt wird es richtig interessant. Diese Bertha Sander hat für die Wiener Werkstätte gearbeitet, eine einmalige Institution, die vom Beginn des Jahrhunderts bis in die 1920er Jahre hinein eine wichtige Rolle gespielt hat und in Europa stilprägend war. Das ist eine Entdeckung.

Meine Recherche beginnt. Von einer Bertha Sander findet sich aber bei der Wiener Werkstätte keine Spur, sie steht weder auf der Liste der Mitarbeiterinnen noch auf der Liste der (höhergestellten) Künstlermitglieder. Weder in der Fachliteratur ist ihr Name vermerkt, noch kennt ihn das MAK, das österreichische Museum für angewandte Kunst, das die Archive der Wiener Werkstätte aufbewahrt und aufarbeitet. Irgendwo, irgendwann muss diese Bertha Sander einmal für diese ruhmreiche Produktionsgemeinschaft bildender Künstler gearbeitet haben. Jetzt wird auch klar, warum das Victoria & Albert Museum ihre Arbeiten nach der Sichtung sofort mit Dank entgegennahm und archivierte. Bei meinem nächsten London-Aufenthalt muss ich einen ausgiebigen V & A-Besuch einplanen.

Zwei kleine Tische und kein Interview

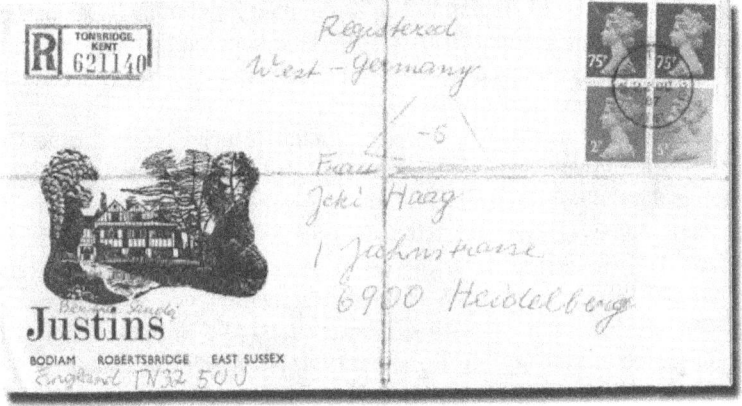

Ein Beistelltisch, 1921 von der 20-jährigen Bertha entworfen.

Icki Franziska Haag, so der volle Name meiner kommunikativen Heidelberger Nachbarin, ist hoch erfreut, dass ihre Berichte nun endlich auf echtes Interesse stoßen. Sie ist ein wenig stolz auf „ihre" manchmal so missmutige Bertha, die jetzt in ihrem kleinen Altenheim in East Sussex südlich von London residiert. Dort hat die Heidelbergerin sie schon mehrfach besucht. Jetzt schreibt sie an Bertha, dass die Innenarchitektin und Journalistin, die im gleichen Haus wohnt, Interesse an ihrer Arbeit zeige, dass diese gerne mehr über Berthas Leben wissen und auch gerne zu einem Interview anreisen würde. Bertha freut sich, schreibt aber auf einer Karte, dass sie sich nicht mehr imstande sehe, ein Interview zu geben. Gleichzeitig spannt sie Ted, den Inhaber des kleinen Alterssitzes, ein, um Fotos von zwei kleinen Tischen zu machen. Dazu schreibt die Ex-Kölnerin, dass sie die Tischchen um 1921 entworfen habe, als sie zwanzig Jahre alt war. Sie seien als Beistelltische, jeweils links und rechts [eines Bettes oder Sofas], gedacht und hätten ausschwenkbare, weiße Glasplatten. Die Fotos, die dann nach Heidelberg kommen, sind nicht besonders gut, was Bertha auch im Begleitbrief bemängelt: Sie habe Ted schon zu einer zweiten Fotoaktion verpflichtet. Die hellen Tischchen mit den geraden runden Füßen und der dicken abgerundeten Platte wirken so modern, dass man gar nicht glauben mag, dass dieser Entwurf von 1921 stammt, also heute über neunzig Jahre alt ist. Offenbar hat die ehemalige Innenarchitektin diese Tischchen erst einige Jahre zuvor in England nach ihren alten Zeichnungen neu anfertigen lassen. In einem zweiten Brief aus England bekommt Frau Haag dann neue, unwesentlich bessere Fotos der Tischchen. Ein hilfsbereiter Seniorenheim-Betreiber ist eben kein Profi-Fotograf!

Jetzt sammelt Frau Haag bei ihren England-Besuchen mit Akribie Daten und Informationen von Bertha. Sie versucht mit ihr den Inhalt ihres „Allerheiligsten", ihrer Hutschachtel durchzugehen, in der die über 85-Jährige Persönliches aufbewahrt. Man sieht die Listen der Dinge durch, die ab 1985 an das Victoria & Albert Museum beziehungsweise deren „Archives of Art and Design" gegangen sind, und die begleitende Korrespondenz des Museums. In Heidelberg wird der bruchstückhafte Lebenslauf mit der Schreibmaschine aufgelistet. Im Sommer 1990 stirbt Bertha Sander in Justins, wo Ted und Jane Francis, das Betreiber-Ehepaar des kleinen Altenheimes, sich intensiv und liebevoll um sie gekümmert haben. Berthas Testament entsprechend erhalten die Erben ihre Anteile. Die besagte Hutschachtel aber geht an Icki Franziska Haag in Heidelberg, zuletzt wahrscheinlich Berthas engste und einzige Vertraute.

Berthas Rosentapete und andere Entdeckungen

„Berthas Rosentapete", „ihre" Zeichnung und die Signatur von D. Peche.

Immer wieder war und ist von Berthas schöner Rosentapete die Rede. Frau Haag schwärmt regelrecht davon und kann sie mir im Winter 1990/91 endlich im Original zeigen. Denn Abschnitte davon stecken in der von Bertha geerbten Hutschachtel. Also sichten wir gemeinsam den Inhalt und schauen die Informationen durch, die Icki Haag inzwischen gesammelt hat. Zur Rosentapete fällt ihr noch der Zahnarzt und Freund Dr. Hans Thünker ein. Er ist Witwer von Berthas Schulkameradin Elisabeth, genannt Li. Beide haben Bertha vor und nach dem Krieg in London besucht. Auch nach dem Tod seiner Frau korrespondierte Thünker, der mit seinem Spitznamen „der Mopp" unterschreibt, regelmäßig mit Bertha. Die beriet einst das Brautpaar bei der Ausstattung seiner ersten Wohnung und ließ im Flur an Wand und Decke die gepriesene Rosentapete verkleben. Um Erinnerungen und Überlieferungen zu sammeln, lädt Frau Haag zu einem „Bertha-Hutschachtel-Abend" ein. Außer dem agilen Dr. Thünker kommt noch Heidi Schneider. Deren Mutter arbeitete mit Berthas Mutter Clara in der Reformkleider-Bewegung zusammen und ihre Schwester ging mit Bertha in eine Klasse. Auch Frau Schneider selbst hatte später Kontakt zu Bertha in London. Froh sei die über jeden Kontakt nach Deutschland gewesen, auch wenn sie jemanden nur indirekt kannte und ja selbst nach ihrer Emigration nie mehr nach Deutschland kam. Frau Schneider glaubt, dass sie sich im Exil heimatlos und einsam gefühlt habe. Außerdem ist sich der kleine Freundeskreis einig, dass Bertha sehr unglücklich gewesen sein muss.

Bald nach der anregenden Gesprächsrunde findet Hans Thünker in seinem Haushalt noch einen Rest der besagten Rosentapete. Er ist musteridentisch mit zwei Tapetenabschnitten aus der Hutschachtel, von denen einer rosé- und einer schwarzgrundig ist. Dann offenbart sich ein überraschender Tatbestand: Berthas Rosentapete ist nicht Berthas Entwurf. Die Schrift auf der Druckkante am schwarzgrundigen Tapetenrest ist angeschnitten, zeigt aber klar: „WIENER WERKSTÄTTE <DIE ROSE> ENTWURF. D. PECHE." Nun kommt schon wieder die Wiener Werkstätte ins Spiel, aber in diesem Fall ist nicht Bertha die Schöpferin des Entwurfes.

Die Wiener Werkstätte und „D. Peche"

Die Wiener Werkstätte ist ein Begriff in der Kunstgeschichte und auch Peche ist mir bekannt. Zwar habe ich während meines Innenarchitektur-

Studiums nie von ihm gehört, aber gerade in den letzten Jahren hat mir ein Kunsthistoriker, der über Peche gearbeitet hat, dessen einzigartiges Schaffen sehr ans Herz gelegt. Auch Nachbarin Haag hat den Namen Peche schon gehört - vielmals und von Bertha. Die habe in ihren späten Jahren noch immer wie ein junges Mädchen von einem charmanten und genialen Mann dieses Namens geschwärmt. Bei der Wiener Werkstätte ist natürlich ein „D. PECHE" zu finden, er heißt mit Vornamen Dagobert, wurde 1887 geboren und starb bereits 1923 im Alter von nur 36 Jahren. Daher ist sein Name in der Kunstgeschichte auch nicht so präsent wie die von Josef Hoffmann und Koloman Moser, die 1903 die Wiener Werkstätte gründeten. Ziel der Werkstätte war die Erneuerung des Kunstbegriffes im Bereich des Kunstgewerbes und der Einrichtung, so wie es die „Arts and Crafts"-Bewegung in England bereits zuvor auf ihre Art praktiziert hatte. Seit 1911 entwarf Peche Stoffe für die anspruchsvolle Wiener Institution, 1915 wurde er zum Mitglied berufen. Josef Hoffmann kürte den stilistisch eigenwilligen und hochbegabten Architekten zu seinem Nachfolger. Nach Peches frühem Tod wurde Hoffmanns Werk selbst von der neuartigen dekorativen Eleganz Peches beeinflusst.

Lebenslang geliebtes Muster

Nun ist klar, „Berthas Rosentapete" wurde von dem österreichischen Architekten Dagobert Peche für die Wiener Werkstätte entworfen. Bertha hat dieses Muster offenbar sehr geschätzt und gerne verwendet. Ihre alten Bekannten können sich alle nicht erinnern, ob Bertha jemals über die Urheberschaft gesprochen hat. Sie alle kennen bis zu diesem Zeitpunkt diese Tapete nur als „Berthas Rosentapete".

Der Signatur auf der Spur

Als ich mich jetzt mit Peche näher beschäftige, seinen einzigartigen Stil studiere, sein opulentes Schaffen aus wenigen Jahren Revue passieren lasse, kommt ein Gefühl auf, dass etwas mit Berthas in London gezeigter Sessel-Zeichnung nicht stimmt. Die wunderschöne Zeichnung, deren zeichnerische Qualität mich 1986 so beeindruckte, zeigt eine große Nähe zu Peches Werk. Man glaubt hier fast, den eleganten Strich des Frühverstorbenen zu erkennen - wenn sie nicht die Experten des ehrwürdigen Londoner Museums eindeutig Bertha Sander zugeschrieben hätten. Beim Schwelgen in Peche-Arbeiten und Durchblättern von vertiefender Lektüre wird klar: Der Österreicher hatte nicht nur zeichnerisch einen besonderen Stil, auch seine Handschrift wirkte wie Kalligraphie - und er erfand für sich eine besondere Art und Weise, seine Werke zu signieren. Meist band er seine Signatur mit in die Zeichnung ein. Es ist ein langer senkrechter Strich mit einem flachen Bogen, also ein extrem schlankes P. Das steht auf einem Stern mit einem kurzen waagerechten Strich darüber, auf dem zwei Ziffern symmetrisch als Jahreszahlen balancieren. Wer dieses spezielle Zeichen nicht kennt, wird es schwerlich als Signatur erkennen und einem Urheber zuordnen. Es ist eindeutig: Bei „Berthas" Sesselzeichnung markiert sie zart die Mittelachse und schwebt über der Rückenlehne: Dagobert Peches Signatur. Also kann die Zeichnung Bertha nur gehört haben, sie stammt definitiv nicht aus ihrer Hand. Warum war Bertha der Wiener Werkstätte so nahe und ihr so verbunden - sie, die in Köln wohnte und arbeitete? Da ist die Erklärung schnell bei der Hand: Sie hat, laut eigenen Angaben, in Wien für die Künstlergemeinschaft gearbeitet, was später auch ein Zeugnis belegen wird. Das wirft wieder neue Fragen auf: Wie kam es dazu, was hat sie da gemacht und wie kam die Peche-Zeichnung in ihren Besitz? Nach der Ernüchterung über die tatsächliche Urheberschaft der schönen „Bertha-Funde" gibt es noch genug spannende Fragen.

1991 gehe ich zweimal auf Recherche-Reise nach London. Gesichtet wird erst einmal der Bertha-Sander-Nachlass in den „Archives of Art und Design". Sie gehören zum Victoria & Albert Museum. Dort sind Nachlässe von interessanten Künstlern, Designern, Unternehmen und Vereinigungen aus dem 20. Jahrhundert untergebracht. Mit Voranmeldung kann man sie zu Studien- und Forschungszwecken an Ort und Stelle einsehen. Um als Privatperson zugelassen zu werden, muss man zu jener Zeit noch ein Empfehlungsschreiben einer wissenschaftlich arbeitenden Institution vorlegen können. In den „Archives" sichte ich die Bestände der Bertha Sander - sie sind sehr umfangreich. Listen werden anlegt, Texte handschriftlich (nur Bleistifte sind erlaubt) abgeschrieben, ein paar Dokumentationsfotos werden aufgenommen. Jetzt sehe ich erstmals die wunderschöne Sesselzeichnung im Original, die vor Jahren mein Interesse für Bertha geweckt hat. Sie liegt allerdings nicht in den „Archives", sie wird im berühmten Museum selbst, in der Grafischen Sammlung des Hauses, „Print Room" genannt, aufbewahrt. Im Original und in Farbe wirkt die Zeichnung noch faszinierender.

Wenn sie nur von Bertha wäre - dann hätte ich eine Entdeckung gemacht und könnte eine richtig gute Geschichte schreiben. Aber da steht nun einmal „Eigentum der Wiener Werkstätte" und da ist Peches Signatur. Eine ähnliche Farbskizze ruht auch noch zwischen Berthas Arbeiten in den „Archives", ebenfalls mit dem „Werkstätte"-Stempel. Der Kurator des „Print Room", der 1986 die Ausstellung „Designs for Interiors" zusammenstellte und damit Bertha zu später Freude verhalf, zeigt mir noch einige Skizzen und Tapetenentwürfe von Bertha. Aber er zeigt sich wenig beeindruckt, als ich anhand von Abbildungen der Peche-Signatur aus Fachbüchern Berthas Urheberschaft an der Sesselzeichnung ganz vorsichtig infrage stelle. Der Experte überspielt das einfach souverän. Vielleicht kann man sagen „Was soll's?" Damit hat er Bertha in ihren grauen letzten Jahren wenigstens kurzfristig eine Freude gemacht, sie fühlte sich geschmeichelt. Sie hat sich gerne einmal kurz im „Glanz" des eleganten Österreichers gesonnt und ihn unwidersprochen als den Ihren genossen. Hoffentlich wird die Zeichnung künftig korrekt zugeschrieben - der Ordnung halber und dem Renommee der Institution entsprechend, den Forschenden zum Nutzen und nicht zuletzt dem genialen Urheber zu Ehren.

Reste vom Dachboden

Zur Bertha-Sander-Recherche gehört auch ein Besuch in Justins, dem kleinen privaten Retirement Home auf dem Land, in dem Bertha ihre letzten Lebensjahre verbracht hat. Die Besitzer, das Ehepaar Ted und Jane Francis, sind reizend und erzählen viel von Bertha, auch dass sie sehr schwierig war und gerne „die Puppen tanzen ließ". Die beiden holen einen Karton vom Dachboden, darin haben sie das von Bertha verwahrt, was die anderen Erben nicht haben wollten. Ted und Jane sind begeistert, dass jemand etwas über „ihre" Bertha schreiben möchte und überlassen mir gerne etliche Fotos, Papiere und Zeitschriften, die nützlich erscheinen. Die reisen nun, in einer Liste erfasst, mit mir zurück nach Heidelberg. So können wir beiden Nachbarinnen weitere Fragmente aus Bertha Sanders Leben sichten und vielleicht ein paar Steinchen mehr zueinander fügen.

Recherche verpackt

Aber dazu kommt es zunächst nicht. Erst einmal lasse ich alles ruhen und komme dann für mich zu dem Schluss, dass Berthas Arbeiten nicht die design-historische Entdeckung sind, die eine Publikation tragen könnte. Hier gibt es keine neue Eileen Gray zu entdecken, wie Ende der 1970er Jahre, als aufsehenerregende Möbelstücke dieser irischen Autodidaktin auf dem Kunstmarkt auftauchten und ihr Name auf einmal bekannt wurde. Ich habe Innenarchitektur studiert und arbeite im Bereich Kommunikation rund um das Thema Design. Da wäre die Geschichte einer solchen Neuentdeckung ein großes Vergnügen gewesen - aber die gibt es ja nun nicht. Und einer Biografie, für die Berthas Leben und Schicksal wahrscheinlich genug Stoff liefern würde, fühle ich mich nicht gewachsen. Irgendwann packe ich Berthas Lebensfragmente mit etwas Wehmut in eine Kiste. Sie landet in unserem Familien-Depot, fünfzig Kilometer entfernt von Berthas Geburtsort Köln. Da bleiben sie erst einmal - nicht immer in bester Gesellschaft.

Zwei Kisten und das „Lager"

Es ist illuster, was im Familien-Depot zusammen lagert. Im Bergischen Land, nahe bei Wuppertal, liegt mein Elternhaus, ein kleines altes Fachwerkhaus mit grünen Fensterläden und verschieferter Wetterfront. Meine Mutter lebt dort und nebenan gibt es das „Lager", wie die ganze Familie das schmucklose Zweckgebäude aus der Nachkriegszeit nennt. Dort ist viel Platz. Jedes Familienmitglied hat hier abgestellt, was momentan nicht gebraucht wird, von dem man sich aber nicht - oder nicht sofort - trennen will.

Die NS-Kiste

Im Jahr 2005 kommt eine weitere Kiste ins Familien-Depot: eine NS-Kiste. Unser Vater ist im Alter von 95 Jahren ins Altersheim gezogen und wollte nichts mitnehmen. Mein Bruder, ein Politik- und Islamwissenschaftler, und ich räumen seine Wohnung und stellen Dinge sicher, die keinesfalls in falsche Hände geraten sollten: Fotos und Dokumente aus der NS-Zeit. Der Lebenslauf unseres Vaters ist exemplarisch für junge Nationalsozialisten seiner Generation. Für uns unverständlich bleibt er seiner Gesinnung bis über seinen hundertsten Geburtstag hinaus „treu". Uns liegt nun daran, dass diese Dokumente sicher untergebracht sind und künftig einmal der Aufklärung dienen können, indem sie öffentlich zugänglich sind.

Zwei Seiten deutscher Geschichte

2009 wird der kleine Familiensitz im Bergischen Land verkauft. Das Fachwerkhaus und das „Lager" müssen geräumt werden. Zwei wichtige Kisten, die - streng gesehen - keinem von uns beiden Geschwistern gehören (und die wir auch nicht besitzen möchten), bleiben nach der großen Haushaltsauflösung übrig: die „Bertha-Kiste" und die „NS-Kiste". Zwei Seiten deutscher Geschichte stehen jetzt nebeneinander. Könnte man sagen, dass es zwei eher „gemäßigte" Beispiele der einen wie der anderen Seite des Nationalsozialismus sind? Einmal die fortschrittliche Frau aus jüdischer Familie, die nie jüdisch lebte und deren Leben der Nationalsozialismus zerstörte, deren Karriere er für immer beendete. Sie musste emigrieren und konnte nie wieder Fuß fassen. Auf der anderen Seite der arbeitslose junge Mann aus einer ins Ruhrgebiet eingewanderten Bergarbeiterfamilie, der bei den Nationalsozialisten und deren Vorgängervereinigungen eine Heimat und sozialen wie beruflichen Aufstieg fand. Sie wird 1901 in wohlhabende Verhältnisse in Köln hineingeboren, er 1910 in bescheidene in Bochum.

Der Abstieg

Die eine Seite deutscher Geschichte, der Abstieg: Die jüdisch-stämmige Deutsche kann 1936 mit ihrer Mutter noch selbstbestimmt auswandern. Sie überleben - wenn auch nicht in ihrem gewohnten Lebensumfeld. Sie können sich später in London ein kleines Haus kaufen und erhalten in den 1950er Jahren Wiedergutmachungsleistungen. Doch ihr gewohntes Leben hatte ohne eigenes Zutun ein Ende gefunden. Für Bertha ist nun alles nur negativ: Sie kann nie mehr in ihren Beruf arbeiten, ihre Karriere ist Vergangenheit. Sie musste ihr Land, ihr kulturelles Umfeld und ihre Freunde verlassen und sich später ganz alleine um die Mutter kümmern. Sie fühlte sich nie wieder zuhause.

Der Aufstieg

Die andere Seite deutscher Geschichte, der Aufstieg: Der junge Nationalsozialist dient Partei und „Führer" im NSKK, dem „Nationalsozialistischen Kraftfahrkorps". Er hat Freude an der Arbeit rund um die Fahrzeuge und nutzt seine Karrierechancen. Soweit bekannt, ist er nicht direkt an der Judenverfolgung beteiligt. Er trifft seine Frau und baut mit ihr zusammen später ein erfolgreiches Unternehmen auf. Ihm bringt der Nationalsozialismus nur Positives: Anerkennung, Erfolg und Aufstieg. Nationalsozialist bleibt er bis zum Ende seines langen Lebens. Das hat das Familienleben wie das Leben seiner Kinder beeinflusst.

Zwei Kisten: Verbleib gesucht

Wahrscheinlich wäre die „Bertha-Kiste" unter anderen Umständen 2009 einfach aufgelöst oder im Ganzen weitergegeben worden. So kommt alles noch einmal auf den Tisch, um für den erweiterten Hutschachtel-Inhalt einen sinnvollen Verbleib zu finden. Icki Haag hatte schon Ende der 1980er Jahre Kontakt zum Historischen Archiv der Stadt Köln aufgenommen. Wahrscheinlich hat Bertha auch auf ihre Empfehlung 1988 dorthin geschrieben. Inzwischen hat sich das NS-Dokumentationszentrum der Stadt Köln etabliert. Bei meiner Kontaktaufnahme im Frühjahr 2010 zeigt man sich erfreut und sendet eine Einladung zur nächsten Sonderausstellung mit. Sie heißt „Köln und seine jüdischen Architekten" und begleitet das gleichnamige Buch von Wolfram Hagspiel. Die Überraschung ist groß: Auf der Einladung lächelt Bertha, sie ist die einzige Frau unter den 43 erwähnten Architekten. Der Kreis schließt sich. In der Ausstellung wird unter anderem „Berthas Rosentapete" gezeigt, die Frau Haag dem Archiv überließ. Sie wird gleich aus der Vitrine genommen, nachdem die Urheberschaft von Dagobert Peche bekannt wird. Das Material von und über Bertha, das dem Buch und der Ausstellung zugrunde liegt, ist lückenhaft und auch durch Berthas eigene späte Selbstdarstellung „verklärt".

Zwei Kisten: Verbleib gefunden

Der Inhalt der „Bertha-Kiste" ist 2013/14 Hauptbestandteil einer Ausstellung über Bertha Sander im NS-Dokumentationszentrum der Stadt Köln, ihr Titel: „Ein ganzes Leben in einer Hutschachtel" (8. November 2013 bis 9. März 2014, Homepage: www.nsdok.de). Er geht anschließend als Schenkung an diese Institution.

Der Inhalt der „NS-Kiste" liegt heute fast komplett im Bundesarchiv in Koblenz, das unter anderem wichtige Bild-Dokumente aus der deutschen Geschichte aufbewahrt. Über zweihundert Fotos und Dokumente aus der familiären NS-Kiste wurden digitalisiert, fast fünfzig davon sind online einsehbar. Sie ergänzen die zuvor eher dürftigen Bestände des Archivs zum NSKK (Homepage: www.bild.bundesarchiv.de).

Teil II

Das Leben der Bertha Sander 1901-1990

Vorspann

2010/11: Jetzt muss es doch sein. Ein langer Winter, ein optimaler Platz für Berthas Nachlass ist gefunden und viele Fragen sind noch gar nicht oder nicht voll und ganz beantwortet: Wie kam sie zur Wiener Werkstätte und was machte sie dort? Wie kam Bertha an Zeichnungen von Dagobert Peche? Wie war sie überhaupt? Wie lebte sie, was erlebte sie - die junge Frau aus einer gebildeten und fortschrittlichen Familie, in ihrem „ersten Leben" - vor der Emigration? Was waren ihre Träume, was die Realitäten? War sie glücklich? Wie verlief ihr „zweites Leben"? Wie verbrachte sie die mehr als fünf Jahrzehnte im Exil? Und wie blickte sie zurück?

Bertha Sander hat kein Tagebuch geführt. Sie hat keine Lebenserinnerungen zu Papier gebracht. Was heute über sie berichtet, ist ihr umfangreicher und hochinteressanter Nachlass. Einige mündliche Überlieferungen sind festgehalten, einige Mitmenschen kann man noch befragen. Nur Icki Franziska Haag, die geschätzte Nachbarin, die mich in den 1980ern so nachhaltig auf Berthas Spuren setzte, lebt seit 2009 nicht mehr. Trotzdem lässt sich jetzt manch unklarer Sachverhalt überraschend schnell klären und die meisten Orte, an denen Bertha sich aufhielt, haben nicht aufgehört zu existieren. Einiges aus Berthas Vergangenheit wird so in der Gegenwart wieder lebendig. Und so beginnen heute einige Menschen sich für diese unbekannte und unspektakuläre Frau zu interessieren, deren Leben vor über 110 Jahren in Köln so hoffnungsvoll begann und das 1990 so deprimierend in England endete.

Ein Leben in kleinen Geschichten

Im Folgenden wird Berthas Leben in einzelnen Geschichten erzählt. Sie beginnen fast immer - um ganz nah bei Bertha zu bleiben - mit einem oder mehreren Relikten aus ihrem Nachlass. Eine Geschichte erzählt, von einem solchen Relikt ausgehend, manchmal von einer bestimmten Zeit oder einem besonderen Aspekt ihres Lebens oder von Menschen und Dingen, die Bertha wichtig waren, ihr besonders am Herzen lagen. Oder eine Geschichte zeigt anhand von Notizen und Überlieferungen - sozusagen „im Originalton" - Berthas Einstellungen auf, beispielsweise die zum Judentum, das sie für sich kurz und knapp ablehnt.

Die Familie Gustav Sander

Großeltern Gabriel und Bertha Loeser; Eltern Gustav und Clara Sander, (geborene Loeser); die Kinder Otto, Bertha und Gabriele.

Am 7. März 1901 um fünf Uhr kommt Bertha Regina Sander in Köln in der Mohrenstrasse 3 zur Welt, in der Wohnung ihrer Eltern. Der Vater, Rechtsanwalt Gustav Sander, von israelitischer Religion ebenso wie seine Ehefrau Clara Sander geborene Loeser, unterschreibt die Geburtsurkunde schwungvoll und klar leserlich. Bertha ist das dritte Kind der Familie, Schwester Gabriele ist drei Jahre alt, Bruder Otto zwei. Mutter Clara ist bei dieser, ihrer letzten Geburt dreißig Jahre alt, Vater Gustav siebenunddreißig. Das gebildete, junge Elternpaar lebt wohlsituiert in der Kölner Innenstadt und wird später in ein eigenes Haus in Köln-Lindenthal umziehen.

Die Eltern

Vier Jahre zuvor haben Berthas Eltern in Lüttich geheiratet, wo Clara mit ihrer Familie wohnte. Die Trauung findet in der alten Lütticher Synagoge statt, der ihr Vater vorsteht. Die Braut, geboren in Frankfurt am Main, ist fünfundzwanzig, der Bräutigam dreiunddreißig Jahre alt. Die beiden sind verwandt und kennen sich seit Kindertagen.

Die Großeltern I

Über Berthas Großeltern mütterlicherseits ist viel bekannt und überliefert, nicht zuletzt durch die Memoiren von Berthas Mutter Clara. Das Leben der Großeltern verläuft interessant und kosmopolitisch. Großvater Gabriel Loeser stammt von der Mosel, aus Dusemond bei Trier. Als er heiraten möchte, arbeitet er in Algerien und reist auf Brautschau nach Koblenz. Dort lernt er die Kaufmannstochter Bertha Mayer kennen. Vor der Eheschließung muss die 19-Jährige erst in einem Pensionat Französisch lernen. Ihre erste Tochter kommt in Algerien auf die Welt. Die zweite, Berthas Mutter Clara, wird nach der Flucht aus Frankreich in Frankfurt am Main geboren. 1882 zieht das Paar mit den beiden Töchtern nach Belgien. Die Familie ist wohlhabend und gebildet, man reist viel und pflegt internationale Kontakte.

Großeltern II

Bei Berthas Großeltern von Vaters Seite sieht die Informationslage ganz anders aus. In Berthas Nachlass findet sich kein Hinweis auf dieses Großelternpaar. Berthas Mutter Clara erwähnt in ihren Memoiren lediglich kurz einen Onkel Alexander Sander (= Berthas Großonkel), der mit einer Caroline geborene Loeser verheiratet ist. Sie könnten eventuell Berthas Großeltern sein, wenn ihr Sohn Gustav hieße.

Schwester Gabriele

Gabriele, familiär Ela genannt, Berthas ältere Schwester, wird später Sängerin und Klavierlehrerin. Am 14. Dezember 1897 wird sie in Köln geboren und heiratet 1927 den Juristen Dr. Walter Speyer, mit dem sie später nach London emigriert. Die Familienkontakte brechen ab. Sie stirbt am 4. November 1969 in London.

Bruder Otto

Otto Sander kommt am 6. November 1898 auf die Welt, er ist zwei Jahre älter als Bertha. Auf Kinder- und Jugendfotos sieht man die drei Geschwister oft zusammen herumtollen. Otto erkrankt 1917, seine Krankheit wird von der Mutter nicht beim Namen genannt. Otto verbringt viel Zeit in Kliniken und Heilstätten. Er stirbt am 10. August 1924 als 25-Jähriger im Schwarzwald, offiziell an einer Lungenentzündung. In Berthas Nachlass befinden sich viele Dokumente ihres Bruders, auch seine Todesanzeige.

Die Familiengrabstätte

Briefe vom Friedhofsamt in Liège und das Grabmal.

Warum liegen in Berthas neuerem Schriftverkehr immer wieder Briefe vom Lütticher Friedhofsamt? Die belgischen Beamten beantworten offensichtlich immer wieder die gleiche Frage: Ob der Erhalt von Berthas Familiengruft gesichert sei. Als im Juni 1988 nur ein paar Monate zwischen ihren Schreiben liegen, schreibt ihr die Sachbearbeiterin sogar auf Englisch: „*everything is all right*". Die Grabstätte liegt Bertha offenbar sehr am Herzen. Warum, wer ist dort bestattet? Aufgrund des Ortes dürfte es sich um ihren Großvater Gabriel Loeser handeln, der 1902, fünfzehn Monate nach Berthas Geburt, starb. Gabriel Loeser wurde 1882 in Liège, wie es auf Französisch heißt, Direktor einer Zinkhütte. Berthas geliebte Großmutter und Namensgeberin starb erst ein Vierteljahrhundert später, im Januar 1926 in Cap Ferrat an der Côte d'Azur. Wahrscheinlich hat sie da - wie oft zuvor - einige Wintermonate bei ihrer Tochter Pauline verbracht.

Perfekter Service und ungeahnte Chancen

In der Vorbereitung der Bertha-Sander-Ausstellung geht 2012 eine E-Mail an das Friedhofsamt Lüttich, die besagte Grabstätte auf dem Friedhof Robermont betreffend, die ja in der Korrespondenz exakt per Nummer definiert ist. Existiert das Grab noch? Wer ist dort gegebenenfalls noch beerdigt? Nach Monaten kommt am 6. Juni 2012 eine E-Mail in formvollendetem Französisch von einem Monsieur Marcelino Argüelles, der alle Fragen, auch die ungestellten, beantwortet.

(Übersetzung)
Datum: 6. Juni 2012 11:53:11 MESZ
Betreff: Grabstätte LOESER-MEYER

Frau Rogalski,
Betreff: Grabstätte LOESER-MEYER
In Beantwortung Ihrer Mail die Grabstätte LOESER-MEYER betreffend und nach Recherchen in unseren Archiven habe ich das Vergnügen, Sie über die unten angeführten Punkte zu informieren. Die Grabstätte LOESER-MEYER befindet sich wirklich auf dem Friedhof von Robermont. Die Akte trägt die Nummer 3675.

Es handelt sich um eine Gruft mit vier Plätzen, in der folgende Personen bestattet sind:
LOESER Gabriel bestattet am 07/06/1902
STRAUS Gustave bestattet am 29/01/1919
MEYER BERTHA bestattet am 22/01/1926

Die Gruft enthält ebenfalls drei Urnen, die folgende Aschen enthalten:
LANDER Karl bestattet am 09/08/1917
LANDER Otto bestattet am 15/02/1924
LANDER Gustave bestattet am 19/09/1928.

Es handelt sich um eine unbegrenzte Konzession. 1971 wurde in Belgien gesetzlich festgelegt, dass keine unbegrenzten Konzessionen mehr vergeben werden. Ein neues Gesetz brachte 1973 die Dauer von 50 Jahren zurück. 2010 hat schließlich die wallonische Regierung festgelegt, dass die Dauer von Konzessionen maximal dreißig Jahre beträgt. Anders gesagt, die Konzessionen, die vor 2010 für 50 Jahre vergeben wurden, müssen nach Ablauf dieser 50 Jahre erneuert werden. Ihre Dauer wird danach nur maximal 30 Jahre betragen.

Am 26. Juli 1974 hat Frau Bertha Sander, die in England wohnte, die entsprechenden Schritte beim Amt für Grabstätten der Stadt Liège eingeleitet, um die Angelegenheiten der Grabstätte LOESER-MEYER zu regeln. Die Dauer hat sich auf 50 Jahre verlängert, durch rückwirkende Wirkung am 13/08/1971 (das Datum des Beginns der Gesetzesanwendung die Beendigung der unbegrenzten Konzessionen betreffend).

Das bedeutet, dass die Grabstätte - verwaltungsmässig - bis 12/08/2021 bereitsteht. Zu diesem Datum muss die Verlängerung erneut durchgeführt werden. Auf Grund des Dekrets von 2010 wird dies nur mehr für 30 Jahre möglich sein. Auf Grund der Tatsache, dass es sich um eine alte, unbegrenzte Konzession handelt, ist die Verlängerung gratis. Es muss nur ein Steuerstempel gezahlt werden (heute kostet er 5 Euro - ich kann Ihnen nicht sagen, wie viel dieser 2021 kosten wird). Diese Verlängerung kann durch jede Person erfolgen, die am Erhalt der Grabstätte interessiert ist. Es ist daher nicht notwendig, dass es sich um jemanden aus der Familie der Verblichenen handelt.

Das ist die Situation, liebe Frau Rogalski. Ich denke, dass ich zu dem Thema umfassend genug war und vor allem auch klar genug. Ich möchte, um zu enden, Sie bitten uns zu entschuldigen, dass die Antwort ein wenig Zeit gebraucht hat. Es mussten tatsächlich Recherchen in verschiedenen Abteilungen gemacht werden.

Wenn Sie eines Tages diese Grabstätte besuchen möchten, können Sie sich an das Personal wenden, das sich um das Büro am Eingang des Friedhofes kümmert. Es wird es als seine Pflicht ansehen, Ihnen den Ort der Grabstätte auf dem Friedhof mitzuteilen, der mehr als 100.000 Gräber umfasst mit mehr als 800.000 Verstorbenen.

Ich hoffe, ich habe Ihre Erwartungen erfüllt.

Mit besten Grüßen
Für den Beigeordneten des Bürgermeisters, Jean-Géry GODEAU
Marcelino ARGUËLLES, Attaché

Jetzt ist sicher, dass Berthas Großeltern Gabriel und Bertha Loeser wirklich hier ruhen. Zudem Berthas früh verstorbener Bruder und ihr vier Jahre später verblichener Vater. Der freundliche Monsieur Arguëlles hat offenbar die handschriftlichen Einträge des Namens Sander als „Lander" gelesen. Auch der Ehemann von Pauline Straus geborene Loeser, also Berthas Tante, liegt hier begraben sowie ein Karl (Carl) Sander, der nicht weiter bekannt ist. Und für 2021 bietet sich eine unglaubliche und unglaublich preiswerte Option: Dann kann jeder, der es wünscht, diese historische Grabstätte für 30 weitere Jahre sein eigen nennen und nutzen. Monsieur Arguëlles, der serviceorientierte Lütticher Verwaltungsmitarbeiter, kann leider heute die künftigen Stempelgebühren für diese Übertragung nicht vorhersagen, im Moment lägen sie bei fünf Euro. Auch das macht neugierig auf die Loeser-Mayersche Grabstätte in Lüttich.

Art Nouveau à Liège

Im September 2012 führt mich eine Autoreise in die Normandie praktisch an Lüttich vorbei. Der Friedhof Robermont ist von der Autobahn aus nicht einfach zu finden, endlich erscheint in der endlosen Umfassungsmauer der Haupteingang mit dem Empfang, dessen Service Monsieur Arguëlles so freundlich offeriert hat. Eine Frau sucht in den Karteischränken und kommt mit dem museumsreifen Dokument für die Parzelle No. 109 a zurück. Die Karteikarten- und die Parzellennummer sowie der Familienname sind sorgsam mit einer Tuschfeder geschrieben. In der linken oberen Ecke steht - weniger formvollendet - dass die Konzession 1974 für weitere 50 Jahre erneuert wurde und dazu Berthas Name und Londoner Adresse. Mit einem kleinen Lageplan in der Hand gilt es nun, auf dem von grauen Steinen dominierten Terrain den Weg zur Parzelle No. 109 zu finden. Sie liegt bevorzugt an einem der wenigen Rondelle auf dem Gelände mit insgesamt nicht weniger als 100.000 Gräbern - und sie fällt ins Auge: eine schlanke, steinerne Stele mit einem eingelegten Kupferrelief, das die hellgrüne Patina trägt, die sich erst nach zwanzig, dreißig Jahren bildet. Dargestellt ist eine junge Frau im langen, fließenden Gewand, die sich zur Sonne streckt. Ganz oben steht „Famille G. Loeser". Diese elegante Grabstele ist formal ganz auf der Höhe ihrer Zeit. 1902 wurde sie für Berthas Großvater Gabriel Loeser errichtet. In allen Details trägt sie die Handschrift des Jugendstils, der in Belgien und Frankreich als „Art Nouveau" eine eigene formale Ausprägung hat. Auf dem Steinsockel sitzt ein niedriges Kupfergeländer, das vorne mit einem gefächerten Schwung endet. Das Relief ist unten links vom Hersteller signiert, „B. Verbeyst, Fondeur, Bruxelles", eine Gießerei, die 1902 ihren Betrieb aufnahm. Rechts beginnt die Künstlersignatur mit einem großen „B", mehr ist leider nicht zu identifizieren.

Jetzt ist klar, warum Bertha das Ganze so viel bedeutete, dass sie im Alter die Friedhofsbehörde wieder und wieder mit ihren Nachfragen behelligt. Sie ist schön und stilvoll, diese Familiengrabstätte, sie zeugt von Geschmack und kultivierten Lebensumständen. Nach Berthas Tod ist übrigens keiner ihrer Erben auf die Idee gekommen, ihre Urne dorthin überführen zu lassen. Offenbar wusste keiner der ihr meist nicht so nahestehenden Erben, wie sehr ihr diese Grabstätte, die ja noch Platz bietet, am Herzen lag. Allerdings hat sie in ihrem Testament einen solchen Wunsch auch nicht festgehalten.

Als im Mai 2013 in Lüttich angefragt wird, ob eine Reproduktion der historischen Karteikarte für die Kölner Ausstellung möglich wäre, kommt die Antwort sozusagen postwendend. Diesmal von Jean-Claude Remacle, dem Büroleiter der Beigeordneten des Bürgermeisters namens Julie Fernandez. Er sendet einen perfekten Scan, wünscht viel Erfolg und bleibt weiterhin gerne „*à votre disposition*". Merçi, Monsieur — und der belgischen Beamtenschaft!

Das Gästebuch aus Spa

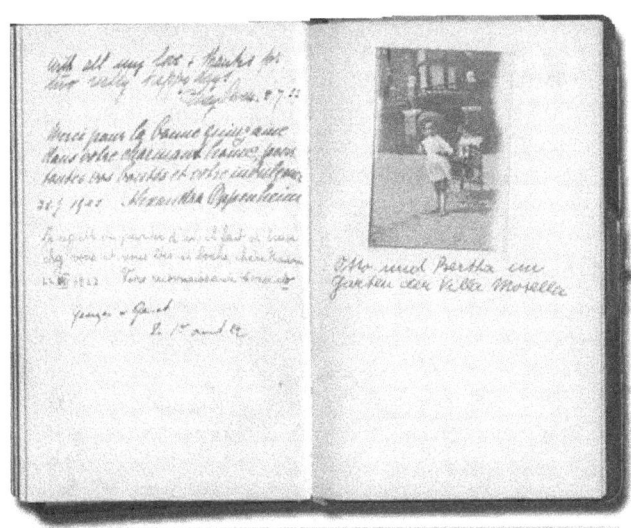

Das Gästebuch und die Villa Mosella in Spa.

Das Gästebuch mit dem roten Samteinband hat gelitten. Sein Rücken ist ebenso abhanden gekommen wie der Verschlussbügel. Der Goldschnitt der Seiten existiert noch, aber die Goldprägung auf dem textilen Einband lässt den Schriftzug VILLA MOSELLA 1901 nur noch erahnen. Auch das filigrane Golddekor an den Ecken des Buchdeckels bröckelt. Das Gästebuch aus dem Haus ihrer Großeltern ist genauso alt wie Bertha. Im März 1901 wird sie in Köln geboren und die Sommersaison 1901 ist die erste im neu erbauten Sommerhaus ihrer Großeltern im Kurort Spa in Belgien. Für den Bauherrn, Berthas Großvater Gabriel Loeser, ist es die erste und die einzige, er stirbt überraschend im Sommer 1902.

Clara Sander, Berthas Mutter, schreibt in ihren Erinnerungen:

„Spa liegt an den Ausläufern der belgischen Ardennen. Wenn man frühmorgens das Fenster öffnete, ist die Luft voll vom Duft der Tannen und des Heidekrautes. Ich habe nie Worte finden können für den herrlichen Genuß dieser aromatischen Luft, wie es ja überhaupt unmöglich ist, Gerüche mit Worten zu beschreiben. [...] Wir wurden ständige Kurgäste von Spa, bis 1900 in gemieteten Wohnungen und dann in der schönen Villa Mosella, die sich mein Vater bauen ließ und die er leider nur einen Sommer lang bewohnte. Meine Mutter behielt die Villa bis nach dem ersten Weltkrieg und ich war jeden Sommer mit meinen Kindern dort zu Gast."

Muntere Reime

Der erste Gästebucheintrag überhaupt stammt aus dem Jahr 1901, Einträge der jungen Familie Sander aus Köln finden sich von 1903 bis 1913. Vater Gustav verewigt sich nur ein einziges Mal, da aber charmant.

„1906
Zu Mosellas schönen Hallen
hat es uns sehr gut gefallen:
Hier gibt es das beste Futter
Und die liebste Schwiegermutter.
Zum Andenken an die schönen Ferien von 1906
Gustav Sander"

Im Gästebuch wird, dem Zeitgeist entsprechend, munter gereimt, oft in Variationen eines gewissen Repertoires. Ein launiger bilingualer Eintrag eines Herrn Martin Rosenthal aus Wien steht auf einer der vorderen Seiten:

„Mosella du bis magnifique
In und um Dir ist alles chick
Deine Bewohner comme il faut
Vor ihnen lüft ich den Chapeau
Und erst die Wirtin wie charmant
Gastfreundlich und elegant
Der wünsch ich dass unter ihrem Dach
Nie mehr es gebe Weh und Ach
Spa, 24. August 1902"

Auch die Kinder tragen sich ins Gästebuch ein. War es freiwillig oder eine lästige Pflichtübung? Auf den Fotos scheinen sie sich in ihrer Sommerfrische sehr wohl zu fühlen, sie toben verkleidet auf Großmutters Terrasse herum, spielen mit Familienhund und Leiterwagen. Am Ende der Ferien 1912 lässt sich Bruder Otto auf einen Reim ein, Gabriele, die Älteste, bleibt kühl und knapp und Bertha fasst sich kurz.

„Spa, den 10. September 12.
Ich danke der lieben Großmama
Für den schönen Aufenthalt in Spa.
Bertha."

„Zum Dichten hätte ich zwar Zeit,
Doch bin ich nicht genug gescheit.
Doch eins kann ich allein schon sagen,
Was ich nicht erst brauch' zu erfragen:
Das Wetter war zwar garnicht gut,
Doch Großmama mit frohem Mut
Ging jeden Tag ins Badehaus
Kam immer fröhlich wieder 'raus.
Otto.
Spa, 11. September 1912"

*„Zur Erinnerung an die schönen Herbstferien von 1912,
Gabriele"*

Ein Jahr später illustriert Clara Sander ihren Eintrag und zeigt mit der „Vorher/Nachher"-Skizze den Spa-Effekt auf die Sommerfrischler. Die zwölfjährige Bertha freut sich über das offenbar erste Automobil der Großmama. Der Familie geht es hier gut.

*„Vorher — Nachher
Wie oben links, so sieht man aus,
Wenn man nach Spa kommt von zu Haus.
Wie oben rechts, so schaut man drein
Wenn man ne Woch hier tut sein.
Die beste, schnellste Medizin
Ist das berühmte ‚Mosellin'.
Clara Sander 6/8. - 15/9 1913"*

*„Zur Erinnerung an die schönen Herbstferien 1913, die durch das Automobil noch verschönert wurden.
Bertha 15.9.13."*

Ende der Sommerfrische

Dies sind die letzten Ferien, die die Sander-Kinder in Spa verbringen. Der Krieg beginnt und darüber berichtet Mutter Clara Sander:
„Bei Kriegsausbruch 1914 war ich mit meinen beiden jungen Töchtern in Brüssel bei meiner Mutter zu Besuch. Da kam der Befehl, daß alle Deutschen innerhalb von 12 Stunden Belgien zu verlassen hätten. Züge nach Deutschland fuhren nicht mehr; so flüchtete ich mit den Kindern über Holland nach Köln zurück. Mit uns fuhr die langjährige treue Köchin meiner Mutter Josephine Meuter, die aus der Dürener Gegend stammt und die Gesellschafterin meiner Schwester, die mit ihrer Familie schon viele Jahre in Paris gelebt hatte, aber dem Gesetz nach noch Deutsche war. Die Fahrt dauerte 27 Stunden und das holländische rote Kreuz versorgte uns auf den Bahnsteigen mit Butterbroten und Kaffee."

Großmutter Bertha Loeser vermietet ihre Villa nun für einige Jahre an einen Monsieur aus Paris, der in der eleganten Avenue Montaigne wohnt. Erst im Oktober 1919 schreibt sie erstmals wieder in ihr eigenes Gästebuch, diesmal auf Französisch. Nach einer Abwesenheit von fünf Jahren, die sie in Holland, England und Schottland verbracht habe, habe sie ihre Villa in einem recht guten Zustand vorgefunden. Sie bleibe jetzt sechs Wochen lang hier mit ihrer Tochter Pauline. Drei Jahre später wird die schöne Villa verkauft, die ihr Mann zu Beginn des Jahrhunderts für seine Familie erbauen ließ. Dies geschieht - so schreibt Tochter Clara später - unter dem starken Einfluss ihrer älteren Schwester Pauline. Die hat das milde Klima der Côte d'Azur und das elegante Leben dort für sich entdeckt. Ein Teil des Erlöses der Villa Mosella fließt in Paulines neues Feriendomizil in Cap d'Ail, von dem an anderer Stelle noch die Rede sein wird. Der letzte Eintrag im Mosella-Gästebuch ist auf den 1. August 1922 datiert, er stammt von Paulines Sohn Georges, ihrem einzigem Kind.

Les Villas Spadoises

Die Postkarten in Berthas Nachlass tragen die Adresse der Villa Mosella, nämlich „Rue Clementine". Das vereinfacht die Anfrage bei der Stadtverwaltung Spa, ob dieses Haus heute noch steht. Die Antwort kommt bald: Ja, nur Haus und Straße haben ihren Namen gewechselt, jetzt heißt es „Villa Lorraine" und „Avenue Professeur Henrijean". Außerdem wird auf eine Ausstellung verwiesen, die vor Jahren die „Villas Spadoises" thematisierte. So werden die Sommerhäuser wohlhabender Familien genannt, die um 1900 entstanden, als Kuraufenthalte an den Mineralquellen von Spa en vogue waren. 1913 zählte man dort über 500 solcher Villen, heute existieren noch rund sechzig — eine davon ist die ehemalige Villa Mosella der Familie Loeser. Diese großbürgerlichen Sommerdomizile gehören mit ihrer speziellen Architektur heute zu den Sehenswürdigkeiten von Spa und sind als Rundgang aufgelistet.

Die Architektur dieser Häuser entspricht den wohlhabenden, kultivierten Stadtmenschen, die sich in ihrer Sommerresidenz gerne ein wenig ländlich und naturverbunden geben. Solch eine Villa ist mehr als ein Ferienhaus: Meist wohnten Frau und Kinder den ganzen Sommer lang hier und auch das gesellschaftliche Leben fand hier statt. Die Ehemänner reisten zum Wochenende per Zug aus dem knapp fünfzig Kilometer entfernten Lüttich an.

Das Gästebuch listet jeden Sommer viele Besucher aus verschiedenen Ländern auf, sogar aus den USA. Berthas Großvater hatte einen etablierten Architekten aus Lüttich ausgesucht, Paul Dieudonné Jaspar. Heute stehen noch drei weitere von ihm entworfene „Villas Spadoises". Auf den alten Postkarten stellt sich die Villa Mosella recht imposant auf einem großen Grundstück dar, sie sammelt gleichzeitig architektonische Zitate wie traditionelle Handwerkskunst. Da gibt es Türmchen mit spitzen Hüten, einen dekorativen Fachwerkgiebel mitten im geschieferten Walmdach, raues Sandsteinmauerwerk und kunstvoll geschmiedete Eisengeländer. Auf Rückfrage kann der Mitarbeiter der Stadtverwaltung nicht sagen, ob das Haus heute noch so aussieht - oft würden heute Pflanzen und Bäume diese Häuser von der Straße aus verdecken.

Der stolze neue Besitzer

Auf einen brieflichen Kontaktversuch antwortet der heutige Besitzer der jetzigen Villa Lorraine sofort. Er ist hocherfreut über die Anfrage, denn er hat immer wieder vergeblich nach alten Fotos und Postkarten seines Hauses gesucht. Der vorherige Besitzer, ein alter Professor, habe ihm nur wenige Fotos übergeben. Im Großen und Ganzen sei das Haus noch im Originalzustand. Einer seiner Vorgänger habe nur ein Zimmer an der Rückseite angebaut und einige Glasdächer recht passend erneuert. Drinnen seien Halle und Treppe noch original, nur der Bodenbelag leider nicht mehr. Der stolze Besitzer, ein aus Polen stammender Rechtsanwalt, lädt sofort zur Hausbesichtigung ein. Er glaubt auch, noch ein spezielles Foto von 1918 finden zu können. Da schmückt ein Adler den Dachfirst, denn in der Villa residiert zu der Zeit der stellvertretende deutsche Kommandant. Das ist ein Jahr bevor Berthas Großmutter nach Spa zurückkommt.

Spätes P.S.

Hinten im Gästebuch klebt, isoliert von den anderen Einträgen, ein altes Kinderfoto. Es zeigt Otto, der einen Leiterwagen mit der kleinen Bertha zieht. *„Otto und Bertha im Garten der Villa Mosella"* hat Bertha mit ihrer Altersschrift daruntergeschrieben. Ein spätes Postskriptum und ihre sentimentale Erinnerung an unbeschwerte Ferientage bei ihrer geliebten Großmutter Bertha.

Ein unkonventionelles Foto

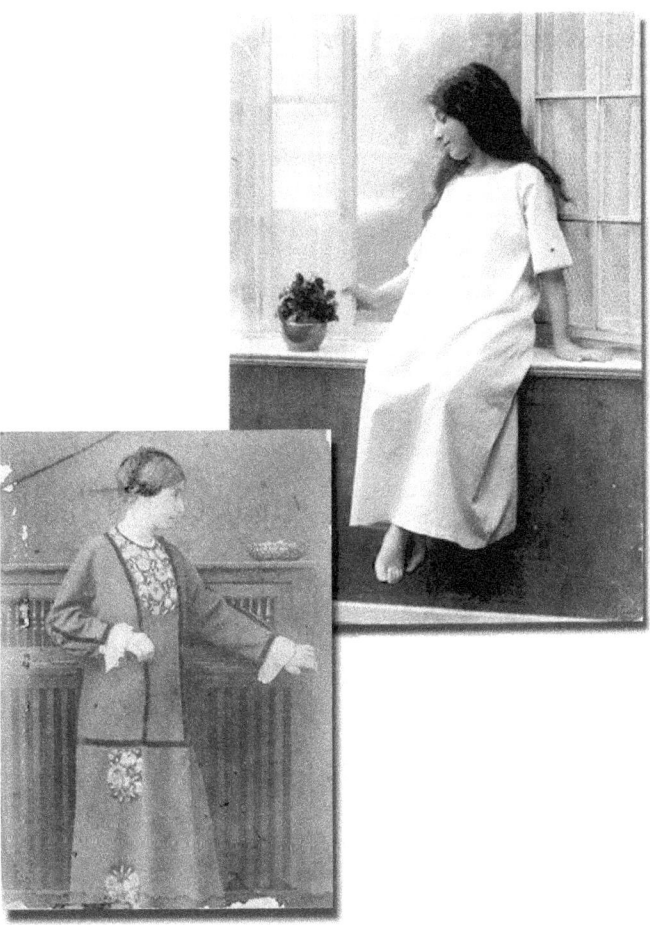

Bertha Sander und ihre Mutter in Reformkleidung.

Die 13-jährige Bertha besitzt eigene Postkarten. Ein paar davon sind ein Jahrhundert später noch in ihrem Nachlass zu finden. Es ist eine professionelle Aufnahme, die wahrscheinlich in einem Fotoatelier sorgsam komponiert wurde und deren größere Abzüge rückseitig üblicherweise den Postkartenvordruck tragen. Eine davon ist von Bertha mit dem Datum vom 11.2.14 beschrieben, sie sollte an die „Liebe Bea", ein Fräulein B. Erkes am Kölner Hansaring 81 gehen, eine Mitschülerin von Bertha. Die Schreiberin war ein paar Tage nicht in der Schule und fragt nach, ob „die Mathematik arg fis" war.

Schlicht und natürlich

Obwohl sicherlich sorgfältig arrangiert, sieht die Aufnahme für ihre Zeit und die gesellschaftlichen Verhältnisse der Familie höchst unkonventionell aus. Bertha sitzt in einem schlichten, weißen, kittelartigen Kleid auf einer Fensterbank. Die nackten Füße schauen darunter hervor, ihre langen Haare trägt sie offen. Dahinter ist ein Sprossenfenster halb geöffnet, davor ein kleiner Blumentopf. Wegen dieser zeituntypischen Einfachheit und Natürlichkeit kann man sicher sein, dass Berthas Mutter hier Regie geführt hat. Das taten damals sicher alle Mütter bei Kindern dieses Alters - nur sah das in der Regel völlig anders aus. Da müssen die lieben Kinder herausgeputzt und unnatürlich als kleine Erwachsene vor theatralischen Kulissen posieren. Aber Berthas Mutter ist fortschrittlich und anders, sie arbeitet seit zehn Jahren mit Else Wirminghaus zusammen an führender Stelle in der Reformkleider-Bewegung. Clara Sander ist die Schriftführerin des Verbandes und gibt die Zeitschrift „Neue Frauenkleidung und Frauenkultur" heraus. Da sieht ein „gutes" Kinderkleid und ein „schönes" Kinderfoto eben ganz anders aus: schlicht und natürlich, mit Geschmack und Qualität - und ohne unechten Prunk.

Mutter lenkt

Bertha Sander schreibt später über diese Zeit:
„Meine Mutter erkannte sehr früh meine Fähigkeiten und meine Mängel und hielt mich nicht zwangsweise in der Schule. Sie schickte mich während meiner drei letzten Schuljahre zu einem vorzüglichen Lehrer, der da-

mals in meiner Vaterstadt eine Jugendklasse im Sinne des großen Wiener Pädagogen Franz Cizek leitete. So lernte ich von früh an eigenes Denken, eigenes Schaffen und das Unterscheiden von Gut und Schlecht."

Der Kurs, den sie besucht, ist ein „künstlerischer Zeichenkurs für Schüler" an der Kunstgewerbe- und Handwerkerschule der Stadt Köln. Ihr Lehrer dort, wenn auch nicht über die ganzen Jahre, ist ein österreichischer Architekt namens Philipp Häusler, zu dem sie lebenslang Kontakt halten wird. Er ist von 1913 bis 1921 mit Kriegsdienst-Unterbrechungen Lehrer an der Kölner Schule. Aus dieser Zeit existieren heute keine Lehrpläne mehr. So kann nur vermutet werden, dass er die reformpädagogischen Einflüsse seines Landsmannes Franz Cizek in den Unterricht einbrachte, die Bertha im obigen Text erwähnt. Im Nachhinein scheinen dort die Weichen für Berthas Berufswahl gestellt worden zu sein, ihre Berufsausbildung beginnt.

Leistungsschau moderner Gestaltung

Köln hat 1914 auf dem Terrain der modernen Gestaltung Geschichte geschrieben. Der Deutsche Werkbund, der 1907 als Vereinigung von Künstlern, Architekten, Unternehmern und Sachverständigen gegründet wurde, richtet hier seine erste Leistungsschau aus. Ziel ist es, Bauwerke und Gebrauchsgüter mit Qualität zu gestalten und auch Reformen von Arbeits- und Lebensbedingungen in Gang zu bringen. Bei der Ausstellung spielt der junge Konrad Adenauer, damals Erster Beigeordneter der Stadt, eine wichtige Rolle. Er, selbst Werkbund-Mitglied, setzt sich dafür ein, dass am Deutzer Ufer gegenüber der Kölner Altstadt ein 350.000 m² großes Gelände, heute Kölnmesse und Rheinpark, zur Verfügung gestellt wird, dazu noch die Riesensumme von fünf Millionen Goldmark. Am 15. Mai 1914 eröffnet Henry van de Velde, der große Gestalter und Leiter der Kunstgewerbeschule Weimar, das Ausstellungsgelände mit über 50 exemplarischen Gebäuden. Die Schau soll einer breiten Öffentlichkeit einen Einblick in die zeitgenössische, moderne Formgebung geben. Das interessiert natürlich die aufgeschlossene und reformerisch orientierte Clara Sander. Vor kurzem ist ein Brief aus Berthas späten Jahren aufgetaucht, darin schreibt sie, dass sie sich noch gut an den Besuch dieser Ausstellung erinnere und auch das entsprechende Jahrbuch des Deutschen Werkbundes noch in ihrem Besitz sei. Also hat Clara ihre 13-jährige Tochter zur Ausstellung mitgenommen. Haben die beiden dort den Österreicher Philipp Häusler erst kennengelernt? Der Architekt unterrichtet bereits ein Jahr an der Kölner Kunstgewerbeschule und hat parallel den Bau des Österreichischen Hauses auf der heute legendären Ausstellung geleitet. Auf jeden Fall geht Bertha ab Herbst in seine Schülerkurse. Die Werkbund-Ausstellung muss im August 1914 vorzeitig geschlossen werden - der Krieg beginnt.

Mutters „Antiwespentaillenbewegung"

Clara Sander beschreibt später in ihren Erinnerungen die damalige Zeit, die Mode und ihre eigenen Beweggründe, sich damit zu beschäftigen.

„Man kann sich heute kaum die Narrheit vorstellen, die sich in der Frauenkleidung zeigte, wie sie um die Jahrhundertwende war. [...] Ich erinnere mich an eine junge Dame in Lüttich, die sich ihrer 48 cm Taillenweite rühmen konnte. [...] 50 cm war die übliche Weite für eine elegante junge Frau. [...] Die Gestalt der Frau gleicht damals einer Sanduhr. Was in der Körpermitte zusammengepresst wurde, quoll unterhalb und oberhalb natürlich hervor. Hüften und Busen mussten voll und rund sein. Wo etwas fehlte, wurde durch eine Polsterung nachgeholfen. [...] Schon lange waren Stimmen laut geworden, die für eine Reform der Frauenkleidung eintraten. [...] Mich jetzt der Reform der Frauenkleidung zu widmen, hatte etwas Verlockendes. Das war eine nutzbringende Beschäftigung und eine Arbeit, die ausserordentliche Initiative erforderte, denn ich stand allein und musste etwas aufbauen, da, wo noch gar kein Grund und Boden war. Der Gedanke an den Vater gab mir Mut. Das Schaffen aus dem nichts war ganz in seinem Sinne. Mein Mann ließ mich gewähren."

Die Frankfurter Zeitung berichtet am 23. Juni 1915 über Clara Sanders Aktivitäten unter der Überschrift:

„Deutsche Frauenkleidung und Frauenkultur
Zwecks Gründung eines Vereins in Frankfurt berief der Vorstand des Verbands für deutsche Frauenkleidung seine Frankfurter Anhängerinnen am Montag zu einer Besprechung ins Hotel ‚Continental'. Frau Klara S a n d e r (Köln), Schriftleiterin des Verbandsorgans, erläuterte die Zwecke des Verbandes, der seit zehn Jahren besteht und in dreiunddreißig Städten Vereine mit mehr als 5000 Mitgliedern hat. Die Rednerin bemerkte, daß kein

Widerspruch mit dem am Sonntag ins Leben getretenen ‚Modebund' bestehe, daß dessen Gründung vielmehr zu begrüßen sei. Der Modebund sei eine Vereinigung von Produzenten, dem neu zu gründenden Verein sollen Konsumenten angehören. Beide suchen die Mode zum Besten der Frau zu beeinflussen. Doch ist es nicht Aufgabe des Verbands ‚Deutscher Frauenkleidung und Frauenkultur', Moden zu schaffen, er soll nur geschmacksbildend auf die Frau einwirken, indem er den unechten Luxus bekämpft und den Sinn für Materialechtheit auch in dem einfachen Kleid weckt. Ferner tritt er für Körperkultur und gesundheitlich einwandfreie Kleidung ein, gleichzeitig auch für Vereinfachung der Geselligkeit. Wie in anderen Städten, werden in Frankfurt vom Verein Kurse für Heimarbeiterinnen eingeführt, eine Auskunfts- und Beratungsstelle geschaffen und Ausstellungen veranstaltet. Jedem Mitglied steht der freie Bezug der Zeitschrift ‚Neue Frauenkleidung und Frauenkultur' zu. Als Vorsitzende des neuen Vereins wurde Frau Trenkwald [?] gewählt."

P.S. Ein konventionelles Bild

In Berthas Nachlass schlummern zwei weitere Fotos mit dem gleichen Motiv: Ein Kinderporträt hängt mittig über einer antiken Schubladenkommode, darauf symmetrisch zwei Kerzenhalter und asymmetrisch ein paar Blumen. Eine der beiden Aufnahmen trägt den Stempel des berühmten Namensvetters, des Kölner Fotografen August Sander. Hier ist als Gegenstück ein konventionelleres Bild von Bertha im Stil der Zeit zu sehen: Bertha als verträumtes Kind mit Schleife im Haar, gemalt von einem Meister der Düsseldorfer Schule, die in der Zeit von 1819 bis 1918 als führend und stilbildend galt. Auch dieses Bild muss mit ausgewandert sein, es soll nach Berthas Tod als Erbe an Dr. John Speer und Yvonne Speer in Birmingham gegangen sein.

Der schöne Mai 1919

Gartenfest bei Sanders und ein Briefumschlag des „alten Lehrers".

Ein gerahmtes Foto von einem Gartenfest: Links posieren zwei jüngere Männer, auf dem Rücken liegend dreht sich der eine demonstrativ von der Kamera weg, der andere im dunklen Anzug mit hellen Schuhen schaut freundlich ins Objektiv. Sechs Frauen gruppieren sich drumherum: links kniend mit einem gehäkelten Umschlagtuch eine ältere Frau, daneben sitzend, liegend und hockend fünf junge. Alle schauen vergnügt bis übermütig zum Fotografen. Auf der Rückseite des Bildes steht etwas mit rotem Stift und in fast abstrakter Schrift geschrieben. Wer ist auf dem Foto zu sehen, wer hat was auf die Rückseite geschrieben?

Erinnerungen an den alten Lehrer

Das Foto stammt aus dem Sanderschen Garten. Mit der Zeit werden die Personen aus Bertha Sanders Umfeld leichter identifizierbar. Hinten kniet mit hellem Umschlagtuch Mutter Clara, rechts davon hockt Bertha mit ihrer typischen schrägen Kopfhaltung, die zweite von rechts kann der markanten Familiennase nach nur Gabriele, die ältere Schwester sein. Von den Männern spielt auf dem Foto der adrette Herr mit den hellen Schuhen die Hauptrolle. Es ist Philipp Häusler, der österreichische Architekt, von dem Bertha schon als Schülerin unterrichtet wurde. Es ist seine Handschrift auf der rückseitigen Pappe des Bilderrahmens und schließlich kann entziffert werden: *„Im Mai 1919 war's noch schön. Erinnern Sie sich noch öfters an Ihren alten Lehrer? P. Häusler"* Also hat Häusler später dieses Bild gerahmt, gewidmet und Bertha geschenkt. Es muss für alle eine gute Zeit gewesen sein, im Mai 1919 - und die danach folgende offenbar für alle Beteiligten schlechter.

Der weibliche Schreinerlehrling

Bertha schreibt später in ihrem Lebenslauf: *„Mein Sinn für künstlerisches Gestalten wies mich bei meiner Berufswahl zur Innen-Architektur. Dazu hatte ich zunächst praktische Tischlerei zu erlernen. Ich trat 1918 als Schreinerlehrling bei Tischlermeister G. Nix in Köln in die Lehre und ging in die Abendkurse für Werkzeichnen an der Kunstgewerbeschule."*

Zum siebzehnten Geburtstag, im März 1918, erhält der frisch gebackene Schreinerlehrling Bertha von „Mayer Lukas u. Frau" einen handgezeichneten Glückwunsch, der heute in den Londoner „Archives of Art and Design" liegt. „Heil und Gedeih für ein erfolgreiches glückliches Leben" wird da gewünscht, darüber steht ein kleines Mädchen mit einem riesigen Hobel und einem Blumenstrauß im Arm. In den 1920er Jahren berichtet Bertha ausführlicher:

„In den schwersten Hungersnotjahren begann meine praktische Lehrzeit beim Tischlermeister. Ich hatte mir die Gesellenprüfung als erstes Ziel gewünscht, mußte aber kurz vorher aus gesundheitlichen Gründen abbrechen. Ganz gewiß wäre das in glücklicheren Zeiten nicht geschehen. Nun kommt es aber in meinem Beruf nicht auf Prüfungen und Diplome an. In der zweijährigen Lehrzeit erwarb ich die nötigen technischen Kenntnisse."

In ihre Lehrzeit fällt also auch der schöne Mai 1919, in dem so fröhlich mit dem dreizehn Jahre älteren Lehrer gefeiert wird. Abschlüsse und Diplome wird Bertha auch in ihrer weiteren Berufsausbildung nie mehr erreichen.

Schlechte Zeiten

„Bei Nix arbeitete ich vollbeschäftigt bis 1920 und trat dann als Zeichnerin in das Atelier von Architekt Prof. Philipp Häusler in Köln ein." steht in Berthas offiziellem Lebenslauf. Von Januar bis Mai 1920 arbeitet die 19-Jährige als „Hilfskraft an Zeichenarbeiten zu Möbeln und Wohnungsausstattungen", so die Formulierung im Zeugnis, in Häuslers Kölner Büro. Dann muss sie wegen ihrer Tuberkulose-Erkrankung auch hier aufhören und bis ins Jahr 1921 hinein längere Behandlungs- und Erholungsaufenthalte über sich ergehen lassen. Auch für Philipp Häusler ändert sich viel: Er wird 1920 „Chef der Betriebsdirektion" der Wiener Werkstätte. Gleichzeitig richtet er, für die Österreicher schon ein Wahl-Kölner, den Ausstellungsraum der „Werkstätte" auf der Rheinischen Mustermesse ein. In Wien beschäftigt ihn eine schwierige Aufgabe, die Reorganisation und Umstrukturierung der Kunstgewerbe-Abteilung dieser renommierten und ambitionierten Institution, die 1903 gegründet wurde. Sie steckt in einer ernsten wirtschaftlichen Krise. Sie hat sich zum Ziel gesetzt, in Zeiten der Industrialisierung die künstlerische Gestaltung und handwerkliche Fertigung mit neuem Leben zu erfüllen.

Heimliche Wünsche

In Berthas Skizzenbüchern zu Beginn der 1920er Jahre, die in London lagern, sind zwischen allen möglichen Freihandskizzen auch ein paar private versteckt. Man würde sie eher in einem Tagebuch vermuten. Bei aller Emanzipation und Unabhängigkeit, zu der Bertha von ihrer Mutter erzogen wird, träumt sie offensichtlich zumindest manchmal die ganz einfachen Träume junger Mädchen und Frauen. 1920 zeichnet sie ein ovales Medaillon, darin eine klassisch gekleidete Braut und in Poesiealbum-Manier steht in jeder der vier Ecken ein Wort: „Das - ist - mein - Wunsch". Berthas Traum von einer Hochzeit wird nicht in Erfüllung gehen.

Ihrer Schwester widmet sie eine weitere Skizze, eine Frau am Klavier: „ZUM 15. JUNI 1920 GABRIELE SANDER, DER GEPRÜFTEN KLAVIERLEHRERIN". Über die ältere Schwester berichtet sie später, dass diese eine sehr gute Musikerin gewesen sei. Sie habe am Kölner Konservatorium ihr Examen als Klavierlehrerin abgelegt. Sie sei außerdem Sängerin und geprüfte Gesanglehrerin gewesen und habe bei Lilly Lehmann in Berlin studiert. Ihre Musikalität ist sicher ein Erbe der Mutter, die auch zeitweise ein Konservatorium besucht hat.

Porträt mit Bluse I

Bertha und ihr Blusenstoff.

Bertha posiert im Fotoatelier, dreht sich mit dem Rücken so zur Kamera, dass sie mit ihrem typisch schräg gelegten Kopf gerade einmal im Halbprofil zu sehen ist. Kokettiert sie oder ist ihr wichtig, etwas anderes in den Vordergrund zu stellen? In dieser Fotoserie aus dem Kölner Atelier Unverdruß könnte neben Bertha auch die Bluse eine Rolle spielen. Ihr Muster ist das einzig Auffallende an der geradlinig-schlichten Kleidung der 20-Jährigen: gemalte Bögen, die sich wie Schuppen übereinander reihen, dazwischen blitzen unregelmäßig kleine Dekoelemente hervor. Das dezente und edel wirkende Outfit liegt sicher ganz auf der Reformkleider-Linie von Mutter Clara. Formal weist es auch in die Moderne der 1920er Jahre. Von leichter Künstlerhand scheint das Dessin auf den Stoff gepinselt. Da Berthas gestalterische Erziehung österreichische Wurzeln hat, führt der Rechercheweg dorthin und zur Wiener Werkstätte. Diese Institution, um handwerklich-künstlerische Produkte bemüht, sorgt in den 1910er Jahren mit ungewöhnlichen und ungewöhnlich vielen Stoffentwürfen, auch für Mode, für Furore. Ist Berthas Bluse aus einem dieser wert- und wirkungsvollen Stoffe genäht? Ein Entwurf einer Reni Schaschl von 1916/18, der „Luftschloss" heißt und in anderer Kolorierung in der Fachliteratur zu finden ist, kommt dem Blusenstoff sehr nahe. In der „Library" des berühmten Victoria & Albert Museums in London liegt ein weiteres Foto aus Berthas Nachlass, auf dem sie dieselbe Bluse trägt, diesmal als gerahmtes Porträt. Hier klärt sich die Frage des Blusenstoffes: Auf der Inventarliste ist vermerkt „photo of Bertha Stander wearing silk blouse with WW [Wiener Werkstätte] pattern". Mit dieser Kleidung und auf diesen Fotos fühlte sich die junge Kölnerin offenbar gut präsentiert.

Zurück zur Innenarchitektur

1920 musste Bertha ihre Stellung - vielleicht richtiger gesagt: ihr erstes Praktikum - bei ihrem ehemaligen Lehrer Philipp Häusler aus gesundheitlichen Gründen aufgeben, wie schon zuvor ihre Schreinerlehre. Den Januar 1921 verbringt sie noch im Erholungsaufenthalt in Oberstdorf in den bayrischen Bergen, wie ein kleines Gedicht über die unangenehme Schleimsuppe belegt. Im Mai beginnt sie die nächste Etappe ihrer praktischen Erfahrungen: Sie tritt eine Stelle im Kölner Architektur-Atelier von Professor Bruno Paul an. Auch dort ist sie, wie schon vorher bei Häusler, mit Zeichnungen für Möbel und Innenausbau betraut. Ihre ganze Berufsausbildung wird sich aus den begleitenden Kursen an der Kunstgewerbeschule zusammensetzen, aus der knapp zweijährigen Schreinerlehre und mehreren kurzen Praktika bei renommierten Architekten. Die Station bei Bruno Paul, wo dessen Schwager Weber ihr Chef ist, wird davon mit neunzehn Monaten die längste sein. Im Zeugnis vom November 1922 sind als Entlassungsgrund wirtschaftliche Schwierigkeiten vermerkt.

Tapetenentwürfe aus Wien

Berthas „alter Lehrer" Philipp Häusler ist seit 1920 wieder in Wien und versucht, die Kunstgewerbeabteilung der Wiener Werkstätte neu zu organisieren und wirtschaftlich zu machen. Zu diesem Aktionsprogramm gehört auch, die herausragenden Künstlerentwürfe besser und breiter zu vermarkten. Stoff- und Tapetenentwürfe gehören seit langem zu den „Kernkompetenzen" der Wiener Künstlerunternehmung. Häusler kennt durch seine lange Lehrtätigkeit den deutschen Markt wie auch die Kölner Unternehmen. Es wächst die Idee, die neue Tapetenkollektion der Wiener Werkstätte in Köln-Zollstock bei Flammersheim und Steinmann im preisgünstigen Maschinendruck herstellen zu lassen und nicht im aufwändigen (und ergo teuren) Handdruckverfahren. Die 1790 gegründete Kölner Tapetenfabrik verfügt über gute Marktpräsenz und kann so sicher für gute Umsatzzahlen sorgen. Zur Erstellung einer Tapetenkollektion gehört immer ein langwieriger Kolorierungsprozess, bei dem Entwerfer und Hersteller Hand in Hand arbeiten. Die maschinellen Druckergebnisse werden angeschaut, korrigiert und das endgültige Farbzusammenspiel definiert. Dafür muss der Entwerfer einige Zeit am Produktionsstandort präsent sein.

Es blüht und kichert an den Wänden

Häusler, jetzt „Chef der Betriebsdirektion", bittet den Entwerfer der Tapeten, Dagobert Peche, diese Kolorierungsarbeit in Köln zu erledigen. Beide sind Architekten, kennen sich lange. Peche war bereits 1914 in Köln, als er für das Österreichische Haus auf der Kölner Werkbund-Ausstellung gearbeitet hat. Dessen Bauleitung lag damals in den Händen von Häusler. Der unterrichtete gleichzeitig in Köln - ab 1914 unter anderem die Jugendliche Bertha Sander. Peche entwirft damals ein Boudoir, das die Presse so beschreibt: *„Es blüht und kichert an den Wänden, Möbelformen huldigen ausschweifenden Konturen; die Einfälle der Dekoration sind graziös und übermütig. Das Ganze aber hat sonnige Wiener Anmut."*

Nun muss Peche wieder nach Köln reisen, um eine Tapetenkollektion fertigzustellen, die ebenso graziös und sonnig sein soll, damit sie die leeren Kassen der Wiener Werkstätte füllt. Mit der dafür notwendigen Stimmung sieht es allerdings nicht so rosig aus. Am 11. März schreibt Peche aus Köln an Häusler:

„Ich fahre heute Nacht [...] von Köln ab. Es ist mir unmöglich hier länger zu arbeiten. [...] Ich hoffe am 1. April fertig zu sein. Ich nehme an daß Sie mich begreifen können. Es ist eine nicht sehr einfache Sache in einem Raum Frühlingstapeten machen zu müssen, worin durch 20 Jahre ein preuß. Res.offizier gesessen ohne je sein Zimmer zu lüften; noch obendrein muß man um zu dieser Herrlichkeit zu kommen die schönste Landschaft tagtäglich passieren, eine Landschaft wo die Erde derart malträtiert ist daß man nicht umhin kann das social. Gehirn arbeiten zu lassen."

In einem weiteren Brief aus Köln an Häusler, der nicht datiert ist, dokumentiert Peche sein Missfallen in sechzehn Zeichen:
C Ö L N
N E S T
1 9 2 1
P E S T

Stimmungswandel

Bestimmt hat Häusler schon vor der Reise den Kontakt zum Hause Sander hergestellt oder Peche diesen ans Herz gelegt. Da sei man aufgeschlossen und an fortschrittlichem Gestalten ernsthaft interessiert. Das weiß Häusler aus eigener Erfahrung: Bei Sanders werden Feste gefeiert und der Moderne stehen Tür und Tor offen. Wann Peche erstmals mit dem Haus Sander, das nach außen hin nur durch die Frauen präsent ist, in Kontakt kommt, ist nicht zu rekonstruieren. War es schon beim ersten Aufenthalt im März, den er so erbost abbrach? Oder war es während seines zweiten Aufenthaltes im November und Dezember 1921 der Fall? Dass man sich da näher kennt, zeigen Briefe aus dem Nachlass Häusler, die in der Wienbibliothek lagern. Häusler schreibt im November an Peche *„... Ich* *begrüsse Sie und die Familie Sander herzlichst."* Im Dezember empfiehlt der Wiener Chef: *„Sanders. Sie würden dort Freude hinterlassen, wenn Sie bei Steinmann veranlassen, das von einer Tapete, die Sie dafür für besonders geeignet halten, eine Rollen-Anzahl für das Zimmer von Fräulein Berta dieser zur Verfügung gestellt wird. - Etwa aus dem Titel, dass sie Ihnen beim Anfertigen Ihrer Zeichnungen die ganze Zeit hindurch half. - Es kann sich kaum um 10 Rollen handeln, vielleicht sind diese sogar unter den Probedrucken in dieser Anzahl vorhanden. - Jedenfalls wäre es nett, wenn dergleichen möglich wäre."*

Tapete für Fräulein Bertha

Ob der elegante Dagobert das Tapetengeschenk für seine junge Helferin realisiert hat? Welches Muster, welches Kolorit mag es gewesen sein? War es die Rosentapete, die in Berthas späterem Leben immer wieder als „Berthas Rosentapete" auftaucht? Die beispielsweise im Flur des Ehepaares Thünker klebte und von der mehrere Abschnitte in Berthas Hutschachtel liegen und einer 1985 mit der Witwe ihres Malerfreundes Fassbender zurück nach Köln reist? Es ist nicht mehr zu klären. Jedenfalls wurde diese Tapete namens „Die Rose" 1921 von Peche in Köln koloriert und von der Tapetenfabrik Flammersheim & Steinmann gedruckt. Bertha war da sicher nicht weit vom bewunderten Meister entfernt. Dass Peche bei Familie Sander ein gern gesehener und offizieller Gast war, belegt eine Weihnachts- und Neujahrskarte vom Dezember 1921, die der Wiener an die Familie Justizrat Sander schreibt. Er wählt eine Karte aus der Edition der Wiener Werkstätte, aber keine mit einem eigenen Bildmotiv, und seine Handschrift ist grafisch formvollendet, vielleicht ein wenig manieriert. Dass er auch zeitweise Hausgast in der Josef-Stelzmann-Straße Nummer 22a war, hat Bertha später angedeutet. Das Haus Sander ist ja modern und aufgeschlossen und besonders an innovativem Gestalten interessiert. Das Fräulein Bertha ist damals gerade zwanzig Jahre alt, der geniale und gutaussehende Gestalter aus Wien vierunddreißig. Nach seinen mühsamen Kölner Kolorierungsarbeiten reist Peche wieder nach Wien zurück, zur Wiener Werkstätte und seiner Frau Nelly mit den beiden kleinen Töchtern.

Porträt mit Bluse II

Ein Aquarell-Porträt und ein Foto von 1921.

Neun mal neun Zentimeter im Quadrat misst das kleine Stück Papier, das bis 1991 in einem Karton auf dem Dachboden von Berthas Altersheim gesteckt hat. Darin hatten die fürsorglichen Heimbesitzer den restlichen Besitz von Bertha sichergestellt. Das kleine Papierchen war einmal in der Mitte gefaltet. Es zeigt ein zauberhaftes Porträt: eine junge Frau mit schwarzen Kulleraugen, die erstaunt in die Welt schauen, mit rosigen Wangen und rotem Kussmund, mit geometrisch geschnittenem, schwarzen Haar. Der Kopf ist ein wenig zur Seite gedreht, am Hals schließt ein Oberteil ab, auf das grüne Bögen gepinselt sind. Die Konturen sind zart mit Bleistift skizziert, die Farben stammen aus einem Aquarellkasten. Die Ähnlichkeit mit Bertha Sander ist frappierend - sie muss es sein. Es ist ihre typische Kopfhaltung, ihr neugierig-skeptischer, etwas melancholischer Blick, es ist die gleiche Bluse wie auf mehreren Fotos aus dem Jahr 1921. Ein Porträtfoto, das in der Bibliothek des Victoria & Albert Museums liegt, ist sozusagen das fotografische Pendant dazu. Die gekonnte Linienführung des kleinen Porträts und die geniale Vereinfachung sprechen für einen hoch begabten Urheber. Da liegt es nahe, hierin Dagobert Peche zu vermuten. Auch in Berthas Skizzenbüchern von 1921 finden sich Spuren einer anderen, einer genialen zeichnerischen Qualität. Daneben steht manchmal in seiner Handschrift „Peche, Dago". Auch Häusler erwähnt ja im Winter 1921 in seinem Brief bezüglich der Tapeten-Gabe für Bertha, dass sie Peche beim Anfertigen seiner Zeichnungen „die ganze Zeit hindurch half". Die beiden haben offenbar in vielfacher Weise zusammengearbeitet. Die Experten des MAK, des Wiener Museums für Angewandte Kunst, das 1998 die zweite große Peche-Retrospektive ausrichtete, wollen sich mit der Zuschreibung des kleinen Porträts nicht festlegen, Peches Urheberschaft aber auch nicht ausschließen.

Erfahrungen bei renommierten Architekten

Über das Jahr 1922 arbeitet Bertha im Kölner Büro von Architekt Professor Bruno Paul. Er ist 1907 Mitbegründer des Deutschen Werkbundes und leitet 1910 die deutsche Beteiligung auf der Weltausstellung in Brüssel. 1919 veröffentlicht er die programmatische Schrift „Erziehung der Künstler an staatlichen Schulen" und wird 1924 zum Direktor der Vereinigten Staatsschulen für Freie und Angewandte Kunst in Berlin, heute Universität der Künste, berufen. Nach ihrer Entlassung im November 1922 wegen wirtschaftlicher Schwierigkeiten ist Berthas nächste Station der beruflichen Weiterbildung im Februar 1923 die Berliner Zweigniederlassung der Saalecker Werkstätten. Die wurden 1904 vom Architekten und Maler Paul Schultze-Naumburg gegründet, ebenfalls ein Mitbegründer des Deutschen Werkbundes. Zu Beginn des Jahrhunderts kümmerte sich Schultze-Naumburg nebenher auch um weibliche Reformkleidung, wandte sich dann der Entwicklung eines neuen Heimatstiles zu. 1914 entwarf er, wie von Kaiser Wilhelm II. gewünscht, das Potsdamer Schloss Cecilienhof ganz im englischen Tudorstil. Bertha ist nun in Berlin und erstmals, abgesehen von Kuraufenthalten, vom Elternhaus entfernt. Sie beginnt im Februar 1923 in Berlin zu arbeiten und kündigt bereits Ende April von einem auf den anderen Tag. Sofort reist sie nach Hause zurück.

Tragische Post aus Wien

Was ist passiert? Die Post aus Wien, von der Wiener Werkstätte, ist wahrscheinlich an die altbekannte Kölner Adresse gegangen. Es ist ein quadratisches Blatt, das - nochmals zum Quadrat gefaltet - in einem ebenfalls quadratischen Briefumschlag steckt. Schwarzbedruckt ist das Blatt und trägt in der Mitte ein weißes Quadrat, das genau ein Neuntel der Fläche einnimmt. Dort steht:

> DIE WIENER WERKSTÄTTE
> GIBT ALLEN FREUNDEN
> MITTEILUNG VON DEM
> HINSCHEIDEN IHRES UNVER
> GESSLICHEN MITARBEITERS
> **DAGOBERT PECHE**
> WELCHER AM MONTAG DEN
> 16. APRIL IN MÖDLING
> BEI WIEN GESTORBEN IST
> DAS BEGRAEBNIS FINDET
> FREITAG DEN 20. APRIL UM
> 4 UHR AM HIETZINGER FRIED
> HOF WIEN XIII. BEZIRK
> MAXINGSTRASSE STATT

Sicher ist es ein Schlag für Bertha. Natürlich weiß sie, dass der begnadete Gestalter seit Längerem schwer krank ist und nicht mehr arbeiten kann. Seine Gesundheit ist schon lange nicht stabil, seine Wohnung in Wien ist feucht und ungesund, schließlich kommt noch eine Tuberkulose hinzu. Häusler berichtet Josef Hoffmann, dem Leiter der Wiener Werkstätte, im August 1922 über Peches Zustand:

„*In Wien führt er ja ein höchst ungesundes Leben, liegt dauernd von einer Riesentuchent [österreichisch: Federbett] begraben im Bett, raucht 50 bis 60 Zigaretten im Tag und quält sich mit den unsinnigsten und unerquicklichsten Betrachtungen.*"

Jetzt ist er mit Sechsunddreißig gestorben. Ein bösartiges Sarkom (Weichteilkrebs) wird als Todesursache angegeben.

Das größte Ornamentgenie

Berta Zuckerkandl, die vielbeachtete Wiener Schriftstellerin, Kulturjournalistin und Salonière veröffentlicht am Tag der Beisetzung im Neuen Wiener Journal eine „Erinnerung an Dagobert Peche". Sie zitiert die Reaktion von Josef Hoffmann auf Peches Tod.

„*Peche ist heute nacht gestorben. Nicht einmal alle hundert Jahre, alle dreihundert Jahre einmal vielleicht nur wird einem Land ein solches Genie geboren. Dagobert Peche war das größte Ornamentgenie, das Österreich seit der Barocke besessen hat. [...] Ganz Deutschland ist durch Peche-Muster zu einer neuen Stilepoche gelangt.*"

Hoffmann hatte Peche schon zu seinem Nachfolger als künstlerischer Leiter der Werkstätte auserkoren. Seine eigenen, nachfolgenden Arbeiten werden durch den innovativen Einfluss des Frühverstorbenen einen neuen Akzent erhalten. Philipp Häusler, Peches langjähriger Weggenosse und derzeitiger „Betriebschef" der Werkstätte berichtet Joseph Urban, dem Leiter der „Wiener Werkstätte of America", später über die Beisetzung:

„*Die Aufbahrung war sehr würdig, es kamen eine Menge Kränze und das beste Wien stand bei Grabe; in der Folge kamen Kondolenzen aus aller Welt, eine sogar aus Japan.*"

Auf nach Wien

Bertha ist kurzentschlossen: erst mit ihrer Kündigung in Berlin, dann mit dem Beschluss, jetzt sofort nach Wien zu gehen. Schon ungefähr sechs Wochen nach Peches Tod beginnt sie, wie es ihr Lebenslauf aussagt, bei „seiner" elitären Institution zu arbeiten. Möglich macht dies „ihr alter Lehrer" Häusler. Bei der Wiener Werkstätte beginnen bald nach Peches Tod die Vorbereitungen für eine große Gedächtnis-Ausstellung im Herbst 1923, die Peches einzigartiges Werk in voller Breite präsentieren und würdigen soll. Denn er hat in wenigen Jahren über 3.000 Objekte verschiedenster Art entworfen und intensive stilistische Impulse gegeben. Ob die neue Kölner Mitarbeiterin der „Werkstätte" an dieser Ehrung des verstorbenen Meisters mitarbeitet? Mit großer Wahrscheinlichkeit eher nicht - sicherlich muss ein Neuling ohne Renommee in einer solch hochqualifizierten Gemeinschaft erst „klein" anfangen. In ihrem Zeugnis wird später stehen, dass sie in ihren acht Wiener Monaten als selbstständige Koloristin und Zeichnerin in der Textilabteilung tätig war und außerdem Verkaufspraktika in der Wiener und der Frankfurter Verkaufsniederlassung absolviert hat. In ihrem Lebenslauf aus den 1950er Jahren hört es sich etwas anders an, und zwar: „Von 1923 bis 1924 war ich als Künstlermitglied der Wiener Werkstätte in Wien tätig." Aber Berthas Name ist in keinem der Künstlerverzeichnisse dieser Zeit aufgeführt. Den zitierten Lebenslauf stellt sie wahrscheinlich für ihren Wiedergutmachungsantrag zusammen. Vielleicht hat die Zeit die Erinnerung verklärt. Häusler schreibt in seiner gleichzeitig verfassten Bestätigung: *„Als ich in die künstlerische Leitung der Wiener Werkstätte berufen wurde, liess ich Fräulein Sander nach Wien kommen da mir ihre Begabung und ihre guten technischen Kenntnisse dort von Nutzen schienen."*

Warum Bertha schon nach acht Monaten ihr Arbeitsverhältnis bei der Wiener Künstler-Produktionsgemeinschaft kündigt, ist unbekannt. Jedenfalls hat sie nun eine weitere hochkarätige Arbeitsstation vorzuweisen und hat außerdem im Herbst 1923 die große Peche-Retrospektive im Österreichischen Museum für Kunst und Industrie miterlebt. Jetzt kann Bertha den Rang ihres Bekannten Peche in der Kunstgeschichte ermessen.

Die berühmte Wiener Werkstätte

Sie wird 1903 von den Kunstgewerbeschulprofessoren Josef Hoffmann und Koloman Moser sowie dem Unternehmer Fritz Wärndörfer gegründet. Ihr Ziel ist es, in Zeiten der Industrialisierung die künstlerische Gestaltung und handwerkliche Fertigung mit neuem Leben zu erfüllen. Vorbild ist die englische „Arts and Crafts"-Bewegung. Künstler und Kunsthandwerker schaffen hochwertige Gebrauchs- und Einrichtungsgegenstände wie auch Mode und Schmuck. Das Sanatorium Purkersdorf bei Wien und das Palais Stoclet in Brüssel werden zwischen 1904 und 1911 als „Gesamtkunstwerke" entworfen und komplett von der Wiener Werkstätte ausgestattet. Diese verfügte zeitweise unter anderem über Verkaufsstellen in Berlin, Zürich und New York. 1932 ging die Institution in Konkurs. Der Wiener Jugendstil, den sie nachhaltig prägte, gilt in seiner klaren geometrischen Formgebung als wichtige Station auf dem Weg in die Moderne.

Als Innenarchitektin niedergelassen

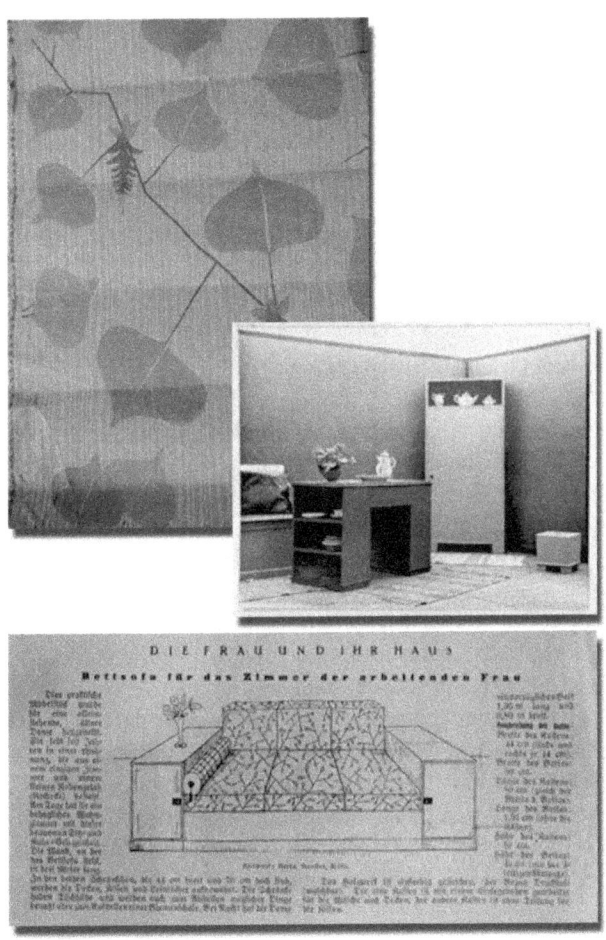

Entwürfe von Bertha: Tapete und praktische, raumsparende Möbel.

NACH LANGJÄHRIGER FACHAUSBILDUNG UND MEHRJÄHRIGER
TÄTIGKEIT BEI ERSTEN ARCHITEKTEN, WIE PROF. BRUNO
PAUL, WIENER WERKSTÄTTE, WIEN HABE ICH MICH IN KÖLN-
LINDEN-
THAL, JOS.STELZMANNSTR. 22A, AN DER GEIBELSTRASSE, ALS
INNENARCHITEKTIN NIEDERGELASSEN. ICH ÜBERNEHME ALLE
IN MEIN FACH EINSCHLAGENDEN AUFTRÄGE: INNENUMBAU
EINZELMÖBEL, GANZE EINRICHTUNGEN NACH EIGENEN ENT-
WÜRFEN, KLEINE UND GRÖSSERE UMÄNDERUNGEN.
BERTA SANDER
INNENARCHITEKTIN
FERNRUF
RHEINL. 2780

Bereit für das Gesamtkunstwerk

Stolz versendet Bertha im Februar 1924 diese Karte. Nach zweijähriger Schreinerlehre und Zeichenkursen sowie nach praktischen Erfahrungen in führenden Architekturbüros fühlt sie sich für die freiberufliche Tätigkeit gut gerüstet. Durch ihre Familie und speziell ihre beruflich außerordentlich aktive Mutter gibt es viele Kontakte zu potenziellen Auftraggebern. Wie die junge Innenarchitektin es bei Peche und der Wiener Werkstätte erlebt hat, möchte sie möglichst vielseitig arbeiten. Ein Ideal der Zeit und besonders der Wiener Werkstätte ist das „Gesamtkunstwerk", bei dem alle Komponenten durchgängig gestaltet sind: Haus, Innenraum und Garten, Möbel, Leuchten, Heimtextilien, Kunstgegenstände und Tischgerät, dazu möglichst noch Kleidung, Schmuck und Accessoires der Bewohner sowie deren Briefbögen und Visitenkarten. Extrem Linientreue empfehlen sogar, in niedrigen Räumen nur Flundern (Plattfisch) zu servieren, wegen der formalen Stimmigkeit. Heute heißt das Corporate Identity. Innenarchitektur ist da nur ein Teilbereich und es soll auch für Bertha nicht dabei bleiben.

Kleiner Lehrauftrag

„Nach Köln zurückgekehrt begann ich 1924 als selbständige Innen-Architektin zu arbeiten. An der Kölner Kunstgewerbeschule übertrug man

mir die Leitung einer Schülerklasse, die ich von 1924 bis 1925 führte. Mein zunehmendes berufliches Beschäftigtsein veranlasste mich mein Lehramt aufzugeben..." schreibt Bertha später in ihrem Lebenslauf. Die Arbeit an der Kunstgewerbeschule ist für die Berufsstarterin nützlich, sie unterstreicht ihre berufliche Qualifikation und vergrößert ihre Bekanntheit. Damals ist für die Berufsausübung ein Studium noch nicht zwingend notwendig. Etliche Architekten und Gestalter haben ihre Ausbildung allein durch „Lehr- und Wanderjahre" bei ihren großen Vorbildern vollzogen, so zum Beispiel Le Corbusier, einer der wichtigsten Architekten des 20. Jahrhunderts. Erst 1919 schließt die erste Frau in Österreich ein Architekturstudium an der Kunstgewerbeschule ab. Es ist Margarete Schütte-Lihotzky, die Erfinderin der innovativen „Frankfurter Küche", der ersten Einbauküche. Das ist das Jahr, in dem das Bauhaus, die neue universelle Bildungsstätte im Bereich Gestaltung, in Weimar gegründet wird.

Raumausstattung mit Tapeten

„Ich widmete mich von da ab nurmehr dem Ausbau meiner Praxis. Ich entwarf Möbel, Raumausstattungen und Tapeten welche von führenden deutschen Tapetenfabriken zur Ausführung gebracht wurden", fährt Bertha fort. Besonders Tapeten interessieren sie, über die hat sie ja den großen Dagobert Peche kennengelernt, über ihn Einblick in dieses Metier erhalten. Zudem ist die Textilabteilung während ihrer Zeit an der Wiener Werkstätte ihr Arbeitsplatz. Muster für Wand und Fenster sind ihr nahe, da fühlt sie sich vielleicht auch dem verehrten, verstorbenen Gestalter nahe. Für mindestens zwei Tapetenfabriken arbeitet Bertha in den folgenden drei Jahren. Es sind die Rheinische Tapetenfabrik in Bonn-Beuel und Norta NHB, die Norddeutsche Tapetenfabrik Hölscher & Breimer in Langenhagen bei Hannover. In den Londoner Archiven liegen einige Originalabschnitte und Entwürfe für diese beiden Hersteller. Für die Bonner hat sie unter anderem verschiedene Karomuster in dunklen Farbstellungen entworfen, die miteinander kombinierbar sind - eine neue Art der Gestaltung. Muster zweier unterschiedlicher Stilrichtungen tragen den Stempel NHB. Das grafische Muster „Japan", gelbe und schwarze Linien auf weißem Grund, ist modern-abstrakt und kommt farblich wie formal Peche recht nahe. Auch „Die Wiese" scheint in ihrer liebevollen Darstellung und formalen Vereinfachung vom Wiener inspiriert. Der liebte das Verspielte und das Kindliche und

verlieh ihm formale Eleganz. Nur eine einzige Tapete, die Bertha entworfen hat, ist außerhalb der Londoner Archivbestände im Original erhalten. Sie überlebte in Berthas Hutschachtel: Filigran ranken abstrahierte hellgrüne und senfgelbe Blätter über den beigefarbenen Fond, dazwischen winzige, violette Blütenstände. Produziert wurde sie von NHB in Langenhagen.

Gute Public Relations

Wer ist in diesem Umfeld die clevere Person mit dem Gespür für gute Öffentlichkeitsarbeit? Auf jeden Fall liegt Bertha richtig oder ist gut beraten, indem sie für ihre Entwürfe für Öffentlichkeit sorgt und sie direkt über das neutrale Medium Presse den potenziellen Käufern nahebringt. In „Deutsche Frauenzeitung", Heft 24 von 1925/26, schreibt Bertha ausführlich „Von Tapeten, Stoffen und Teppichen" und illustriert das mit zwei Fotos ihrer Tapetenentwürfe. Auch in der Beilage „Für die Frauenwelt" der Coblenzer Volkszeitung vom 19. Januar 1926 weist sich Bertha in dem Textbeitrag „Das schöne Fenster von Innenarchitektin Bertha Sander=Köln" als kompetente Fachfrau aus. Sie selbst schreibt, dass sie „Zur Propagierung moderner Wohnkultur" regelmäßig für verschiedene Zeitschriften geschrieben habe. Und dabei kommt auch der eigene Nutzen nicht zu kurz.

Zeitgemäße, raumsparende Möbel

Regelmäßig schreibt Bertha in all den Jahren für „Die Frau und ihr Haus". Diese ist als „proletarisch-feministische" Zeitschrift bekannt und nennt sich im Untertitel „Zeitschrift für Kleidung, Gesundheit, Körperpflege und Wohnungsfragen, Beilage zu der Zeitschrift Die Gleichheit". Sie erscheint in Berlin. Bertha stellt sich auf die Leserinnen und Leser ein und entwickelt beispielsweise ein praktisches, neuartiges Möbelstück, das sie auch noch mit Angaben zum Eigenbau versieht. Das ist ein neuer Service und noch dazu ist dieses raumsparende Bettsofa, das Stauraum für das Bettzeug bietet, modern und elegant. Es wirkt keineswegs proletarisch. Die vielgerühmte Designerin Eileen Gray, übrigens eine Autodidaktin, entwirft 1924 ein formal ähnliches Sofa für eine Einrichtung in der Rue Lota, das heute wieder hergestellt wird. Wann Bertha ihres zeichnete, kann nicht mehr festgestellt werden. Es muss in die Zeiten ihrer Selbstständigkeit fallen, von 1924 bis 1927 oder von 1930 bis 1935. Ein ähnliches Thema sind Berthas Entwürfe für „Einfache, raumsparende Möbel", die sie professionell fotografieren lässt. Mit dem Titel „Über zeitgemäße Möbel von Innenarchitektin Bertha Sander, Köln" werden die schlichten und wohlproportionierten Möbelstücke 1927 unter anderem im „Kölner Baugenossenschaftsblatt" veröffentlicht. Das Bett besitzt unten ein Fach für Schuhe, der universell nutzbare Tisch seitlich Regalböden. Diese Entwürfe entsprechen dem Bedarf. Nach dem Ersten Weltkrieg ist die Wohnungsnot groß, die meisten Menschen leben Mitte der 1920er Jahre immer noch beengt, wirtschaftliche Probleme kommen hinzu. Natürlich arbeitet Bertha auch für reale Kunden, die sich eine individuell entworfene und maßgefertigte Einrichtung leisten können. Zwei Fotos vom Innenausbau eines Appartements mit Wandklappbett liegen beim erweiterten Hutschachtel-Inhalt. Hier lässt sich auch ein Phänomen moderner Gestaltung vortrefflich darstellen. Der Vergleich von Möbel- und Technikdesign zeigt deutlich, dass gut gestaltete Möbel heute immer noch modern wirken können, technische Apparate aber immer veraltet erscheinen. Bertha ist mit ihrem Wirken auf der Höhe ihrer Zeit - sie gehört zur Moderne der 1920er Jahre.

Vielseitiges Gestalten

Unter den vielen, vielen und manchmal sehr großen Arbeiten, die Bertha dem Victoria & Albert Museum überlässt, sind auch Skizzen, die über die Innenarchitektur hinausgehen. Aquarellierte Skizzen zeigen Bühnenkostüme, sie sind manchmal direkt einzelnen Rollen zugeordnet. Daneben finden sich farbige Bühnenbild-Entwürfe, viele Modeskizzen, Illustrationen für Bücher, handgezeichnete Menükarten und Fotos von gehäkelten Handtaschen und Puppen. Hier hat Bertha rückseitig ihren Namen und eine Wiener Adresse vermerkt. Gleich kommt mir wieder eine Verbindung zu Peches Schaffen in den Sinn: Er kreierte sehr Untypisches für seine Profession und seine Position, beispielsweise auch Stofftiere, Tülldeckchen und Christbaumschmuck - und das mit großer Begeisterung.

Internationale Orientierung

Im Herbst 1925 reist Bertha nach Paris zur „Exposition internationale des Arts Décoratifs et Industriels Modernes" und berichtet darüber in einen Artikel für die „Rheinische Volkszeitung". Es ist die historisch wichtige Ausstellung, aus deren Namen später der Stilbegriff „Art Déco" entsteht. Er bezeichnet den eleganten, oft opulenten und stromlinienförmigen Stil, der heute mit den 1930er Jahren, mit Frankreich und Amerika verbunden wird. Er begann bereits in der Avantgarde der 1910er Jahre, auch mit Gestaltern wie Eileen Gray oder Dagobert Peche. „Französisches von der Pariser Ausstellung der dekorativen Künste" betitelt Bertha ihre Eindrücke von dieser Ausstellung. Sie schreibt unter anderem wie folgt:

„Was die Franzosen moderne Möbel nennen, erinnert an frühe Versuche unserer Architekten. Während Kastenmöbel schon gut sind, ist man bei Sitzmöbeln noch bei Versuchen, die manchmal recht unglücklich ausfallen. Im bretonischen Haus hingegen, das einer kleinen Gruppe von Künstlern und Handwerkern als Ausstellungsraum dient, ist durchweg Qualität."

Hier der komplette Text der Rheinischen Volkszeitung vom 4. Oktober 1925:

„Französisches von der Pariser Ausstellung der dekorativen Künste.

Für 2,50 Franks wird man an gewöhnlichen Tagen in die Ausstellung gelassen und kann bis abends spät darin bleiben. An den Galatagen kostet es 10,-- Franks. Vorträge und Führungen, wie wir sie von unseren Ausstellungen gewöhnt sind, gibt es kaum. Es ist oft schwer, einen Zusammenhang zu finden, denn um die Erzeugnisse eines Landes zu besehen, muß man an den verschiedensten Orten suchen. Dafür hat man auch manchmal die Freude, etwas Schönem zu begegnen, das man gar nicht erwartet hat. Unter den französischen Erzeugnissen sind die modernen algerischen Teppiche hervorzuheben, die jetzt auch in abgetönten graubraunen Farben hergestellt werden. Vorbildlich mit ihren primitiven Mustern und Farben sind die arabischen Tongegenstände. So hat z. B. Roder seine Stoffmuster vielfach solch primitiver Kunst abgesehen und dies auch ausdrücklich erwähnt. Aus den französischen Kolonien sind eigenartige und sehr effektvolle Urwaldhölzer ausgestellt, z. B. das Schlangenholz. Möbel aus diesen Hölzern hat u.a. der bekannte Pariser Architekt Chareau hergestellt.[Es folgt das Zitat oben.]

Die einfachen Holzsessel und Stühle fallen durch ihre schönen Formen auf und ebenso gut sind die keramischen Gegenstände und das Spielzeug. Im Haus der Eleganz haben mit wenigen Ausnahmen die größten Pariser Schneider ausgestellt. Hier finden wir Paris in seinem eigensten Element. Als Ausstellungsobjekte wurden hauptsächlich Abendkleider und Abendmäntel gewählt. Viel Gold und Silber, mit Schuhen aus dem Stoff des Kleides. Ganz neuartig sind die Kleiderpuppen: nicht mehr mit wachsfigurenartigen Köpfen, sondern stilisiert und den Farben der Kleider angepaßt. Das Haus des Allerlei ist ein Bazar, dessen Zweck mir unklar ist. Es sieht so aus, als wenn man alle Hausgreuel der Welt hätte zusammen bringen wollen, eine Konzession an die billige Geschenk- und Andenken-Industrie, wie frühere Weltausstellungen sie zeigten, unvereinbar mit dem Namen der Ausstellung. Von dem Minderwertigen und dem Guten ruht man sich in der Ausstellung der Gartenkunst aus. Wundervoll schön sind die Blumen, das Gemüse, das Obst. Im großen Ganzen ist auch die Herrichtung dieser Ausstellung geschmackvoll. Am Abend wird alles beleuchtet, was beleuchtbar ist und noch mehr. Es ist eine Augenweide und ein Entzücken für alle, die Freude am Harmlosen haben. In den Bäumen sitzen und zwischen den Bäumen schweben farbige, leuchtende Vögel, in Wasserbecken sind leuchtende Fische, Wasserspiele aller Art sprühen Feuer und Farben. Im Hintergrund steht der Eiffelturm mit der ihn ganz umfassenden Lichtreklame von Citroen, der Clou der Ausstellung und der Stolz der Pariser. B. S."

Für unsere Kinder

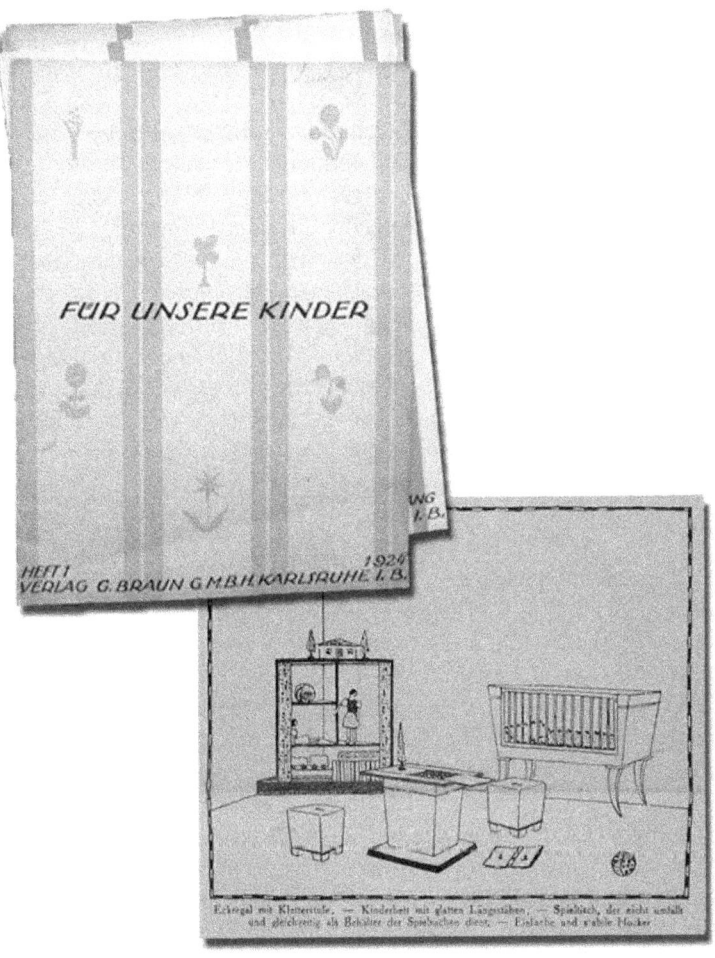

Zeitschriftenumschlag und Kindermöbel, entworfen von Bertha.

Ein wenig sehen sie aus wie Schulhefte, aber auf dem gestreiften Umschlag mit den kleinen Blümchen steht „FÜR UNSERE KINDER", dann Heftnummer, Jahrgang und Verlag G. Braun in Karlsruhe. Überall, wo Relikte von Bertha Sander lagern, liegen einige dabei: die kleinen Zeitschriften, die ihre Mutter Clara ab 1924 herausgibt und die vierteljährlich mit dem Untertitel „EIN NÜTZLICHES BILDERBUCH" erscheinen. Drinnen finden sich Zeichnungen von Kindermode, jeweils als kleine Szene dargestellt und mit wenigen Textzeilen untermalt. Dann gibt es Geschichten zu lesen, manchmal mit lehrreichem Inhalt, es folgen Näh- und Strickanleitungen für die gezeigte Kindermode. Ab und zu ist eine Zeichnung eines Kindermöbels dazwischen gestreut und ein Hinweis an anderer Stelle, dass man diese bei „Berta Sander in Köln-Lindenthal, Jos. Stelzmannstr. 60" bestellen kann. Ein weiterer Hinweis besagt, dass auch der Umschlagentwurf der Zeitschrift von eben dieser Bertha Sander stammt. Die kleine Zeitschrift ist im doppelten Sinne „Für unsere Kinder" da. Als Zeitschrift hat sie sich mit reformerischem Ansatz der Kinderkleidung und der Bildung verschrieben, sie will gleichzeitig Mütter wie Kinder ansprechen. Der zweite Aspekt hat sicher das gleiche Ziel, aber einen privaten Hintergrund: Die Herausgeberin Clara Sander fördert damit ein wenig die Berufstätigkeit ihrer Tochter.

Praktische Kindermöbel — charmante Zeichnungen

Modern, schlicht und praktisch sind Berthas Kindermöbelentwürfe. Da gibt es einen Hocker und einen Spiel- und Arbeitstisch. Hier kann man jeweils die Platte respektive den Sitz öffnen und findet darunter viel Stauraum für Spielzeug und Bücher. Das Eckregal steht auf einer Kletterstufe und trägt vorne einen bunten Kattunvorhang. So ist schnell für äußerliche Ordnung gesorgt. Das Gitterbettchen hat elegant geschweifte Füße und Seitenteile. Alle Möbel sind farbig lackiert. In der Kinderzeitschrift der Mutter werden die Teile einzeln vorgestellt und offeriert, „Die Frau und ihr Haus" zeigt sie im Dezember 1926 als Ensemble, mit Zeichnung und Text von Bertha unter der Überschrift „Praktische Kindermöbel". Berthas Zeichnungen machen den Charme der Möbelstücke aus und lassen sie nicht nur vernünftig und praktisch wirken. Sie zeichnet gradlinig-modern und gibt dem Ganzen mit meist sparsamem, aber liebevoll ausgeführtem Dekor eine besondere Note. Besonders erwähnt sei noch die „Puppenstubentapete zum

Durchzeichnen". Auch sie wird mehrmals veröffentlicht. Die ländliche Idylle mit Haus, Baum, Zaun und Mann, Frau, Blume, Vogel ist mit reduzierter Linienführung dargestellt und wirkt einfach frisch und fröhlich. Sie kommt weder süßlich noch romantisch anbiedernd daher, wie es bei solchen Motiven oft der Fall ist. Bertha hat etwas von Peche abgeschaut, ehrliche Herzlichkeit gepaart mit kreativem Raffinement. Auch ihr Zeitschriftenumschlag „Für unsere Kinder" zeugt davon. Wie mögen die Farben gewirkt haben, bevor das Papier nach und nach vergilbte?

Mütterliche Unterstützung

Bertha wird seit langem von ihrer Mutter gefördert und sicherlich auch gefordert. Clara Sander ist seit fast zwei Jahrzehnten in ihrem Berufsfeld tätig, sich publizistisch um die Verbreitung von Reformkleidung zu kümmern. Da verfügt sie natürlich über viele Kontakte und genießt als gradlinige, engagierte Frau einen guten Ruf. So lassen sich auch die Veröffentlichungen in den verschiedensten Zeitschriften erklären, die in Berthas Nachlass zu finden sind. Mit „Die Frau und ihr Haus", der proletarisch-feministischen Zeitschrift aus Berlin, besteht offensichtlich kontinuierlich Kontakt, immer wieder werden Beiträge von Bertha veröffentlicht. Auch die „Deutsche Frauenzeitung" aus dem Verlag Otto Beyer in Leipzig ist mehrmals unter den Belegexemplaren. Als einzige ausländische Publikation ist „Samenkörner, Illustrierte Monatszeitschrift für Volkswohlfahrt" dabei, sie wird vom Verband Schweizerischer Konsumvereine (V.S.K.) in Basel herausgegeben. Der „Kölner Stadtanzeiger" und das „Kölner Baugenossenschaftsblatt" sind in der Publikationsliste schon fast selbstverständlich. Ein besonderer Artikel von Bertha über ihren beruflichen Werdegang und ihre Erfahrungen wird im folgenden Kapitel in Gänze veröffentlicht. Er erscheint 1926 im „Naumann Kalender" in Berlin. Die andere Seite der mütterlichen Unterstützung ist das ständige Miteinander von Mutter und Tochter, im Privaten wie im Beruflichen. Bertha ist offenbar selten auf sich allein gestellt. Kann sie sich beruflich selbst behaupten und eine persönliche Art und Haltung entwickeln?

Von meinem Handwerk

Der „Naumann-Kalender 1926" mit Berthas Bericht über ihren Beruf.

Eine besonderer Artikel von Bertha wird 1926 auf Seite 75 im „Naumann-Kalender" veröffentlicht, der in Berlin SW 11 erscheint. Teile des Artikels werden auch in anderen Kapiteln zitiert, hier der komplette Text.

„Bertha Sander-Köln / Von meinem Handwerk."

Die Herausgeber des Naumann-Kalenders haben mich aufgefordert, von meinem Beruf und meinem Lebensweg zu erzählen. Ich tue es nicht gern, denn ich meine, nur eine reife Persönlichkeit, die einen großen Teil ihres Lebenszieles erreicht hat, dürfe von ihrer Laufbahn sprechen. Ich bin noch niemand und für mich selbst ist noch alles Zukunft. Nur das Eine habe ich bis jetzt erreicht: daß ich einen Beruf ausüben darf, für den ich eine große Neigung besitze. Bei der Wahl meines Berufs waren mein Farbensinn und mein Gefühl für Raumverhältnisse ausschlaggebend. Meine Mutter erkannte sehr früh meine Fähigkeiten und meine Mängel und hielt mich nicht zwangsweise in der Schule. Sie schickte mich während meiner drei letzten Schuljahre zu einem vorzüglichen Lehrer, der damals in meiner Vaterstadt eine Jugendklasse im Sinne des großen Wiener Pädagogen Frank Cizek leitete. So lernte ich von früh an eigenes Denken, eigenes Schaffen und das Unterscheiden von Gut und Schlecht. — Während ich zweimal wöchentlich nachmittags diese Klasse besuchte, litt mein Arbeiten für die Schule wohl etwas darunter, aber ich war auch vorher keine glänzende Lyzeumsschülerin.

In den schwersten Hungersnotjahren begann meine praktische Lehrzeit beim Tischlermeister. — Ich hatte mir die Gesellenprüfung als erstes Ziel gewünscht, mußte aber kurz vorher aus gesundheitlichen Gründen abbrechen. Ganz gewiß wäre das in glücklicheren Zeiten nicht geschehen. Nun kommt es aber in meinem Beruf nicht auf Prüfungen und Diplome an. In der zweijährigen Lehrzeit erwarb ich die nötigen technischen Kenntnisse. Später kam das praktische Arbeiten als Angestellte bei einem unserer besten Architekten, wo ich schon Aufgaben, die Geschmack und Formensinn erforderten, selbständig lösen durfte. Und weil mich alles reizte, was mit der Innenarchitektur zusammenhängt, verbrachte ich später noch ein Jahr in der Textilabteilung eines führenden Unternehmens, wo ich mit Entwürfen für Tapeten und Dekorationsstoffe beschäftigt wurde.

Und dann machte ich mich selbständig und hatte schon mehrmals die Freude, ein behagliches Heim einzurichten. Ich bin noch eine Anfängerin und was die Zukunft mir bringen wird, ist ungewiß. Gewiß ist nur, daß ich als Frau, in einem Beruf, der bisher hauptsächlich von Männern ausgeübt wurde, besondere Schwierigkeiten habe, um durchzudringen.

Wenn heute ein Auftraggeber sich dazu entschließt, eine Frau für den Umbau und die Einrichtung seines Hauses heranzuziehen, so gehört er zu den wenigen Menschen, die ohne Vorurteil sind, oder zu denen, die grundsätzlich die Frauensache fördern. Und manche Männer werden die Innenarchitektin als willkommene Konkurrentin betrachten. Andere aber — ich hoffe es ist die Mehrzahl — werden sich sagen, daß Raum für alle unter der Sonne ist, die ernstlich arbeiten und ich weiß, daß es tüchtige Außenarchitekten gibt, die die Innenarchitektin als eine erwünschte Helferin begrüßen. Heute muß jeder arbeiten und schwer um sein Dasein kämpfen. Auch in meinem Beruf fällt kein unverdienter Lohn vom Himmel. Und doch bin ich froh damit, froh, daß ich mich bei meiner Veranlagung für eine praktische Tätigkeit, nicht zu einer Laufbahn mit wissenschaftlichem Studium, Prüfungen, Diplomen und Titeln verleiten ließ. Und ich möchte es allen jungen Mädchen und allen Eltern zurufen: grämt euch nicht, daß es mit der wissenschaftlichen Bildung in der Schule nicht so glänzend geht, wenn irgend eine starke praktische Begabung vorhanden ist. Dann mutig in das Handwerk hinein. Die Goldschmiedin, die Buchbindermeisterin, die Töpferin, die Weberin sind heute keine seltenen Erscheinungen mehr. Wir sind glücklicherweise über die Zeiten hinaus, wo man die Arbeit der Hände für etwas Untergeordnetes hielt, wo man fürchtete, sich die Hände zu beschmutzen. Zu guter Handarbeit gehört gute Kopfarbeit und wo gute Kopfarbeit geleistet wird, kann das Handwerk auf eine Höhe gebracht werden, die dem Ausübenden zur Ehre gereicht."

Der Naumann-Kalender

Auf einem Werbe- und Bestellblatt wird der Naumann-Kalender 1926 so angekündigt: *„Der Verlag ‚Neuer Staat' hat wie alljährlich auch zu 1926 einen Naumann-Kalender herausgebracht, der allen Freunden Friedrich*

Naumanns[1] und darüber hinaus allen politisch interessierten sehr willkommen sein wird. Bringt er doch neben den besten Gedanken Naumanns über Kunst und Handwerk, die noch heute und gerade heute von Bedeutung sind, auch eine Fülle von Aufsätzen über Gegenwartsfragen. So haben der Reichskunstwart Dr. Redslob, Erich Dombrowski, Ober-Regierungsrat Dr. H. Simons, der Preußische Handelsminister Dr. Schreiber und manche andere wertvolle Aufsätze beigetragen. Ein ausgezeichnetes Kalendarium und vorzügliches Bildwerk schmücken den Kalender. Niemand sollte versäumen, den guten Kalender zu erwerben, dessen Preis (0,75 Mk.) es jedem gestattet, ihn anzuschaffen. Bestellungen an den Verlag ‚Neuer Staat', Berlin SW 11, Bernburgerstr. 18."

---

[1] Friedrich Naumann war ein liberaler Politiker und protestantischer Theologe im Deutschen Kaiserreich, er starb 1919 und ist Namensgeber der FDP-nahen politischen Stiftung.

Abschied von geliebten Menschen

Dagobert Peche, Bertha Loeser, Otto Sander, Edmond, Gustav Sander.

Bertha ist gerade zweiundzwanzig, da beginnt eine Reihe von Todesfällen in ihrer engsten Umgebung. Innerhalb von sechs Jahren verliert sie fünf Menschen, die ihr nahestehen. Zwischendrin, im Jahr 1927, erkrankt sie selbst wieder an Tuberkulose und muss nach dreieinhalb Jahren ihre selbstständige Tätigkeit als Innenarchitektin unterbrechen, die gerade erfolgreich wird.

1923 - Ein verehrter Bekannter

16. April: Dagobert Peche, Architekt und Gestalter, 36 Jahre alt, Mödling bei Wien

Nicht einmal zwei Jahre ist es her, dass Bertha in Köln den österreichischen Architekten und Gestalter Dagobert Peche kennengelernt hat. Der kam zweimal nach Köln, um die neue Tapetenkollektion der Wiener Werkstätte bei einer Kölner Tapetenfabrik zu kolorieren. Schon als Jugendliche hatte sie auf der Werkbund-Ausstellung einen von ihm gestalteten Raum gesehen. Bei seinen Arbeitsaufenthalten erledigt Bertha kleine Zeichenarbeiten für den bekannten Kreateur, man ist oftmals zusammen. 1922 schreibt Bertha mehrmals an Peche und sendet ihm Schokolade, Strickweste und Kinderkleidchen nach Wien. Drei private Briefe von Peche, die Bertha als ihren Schatz gehütet hat, liegen heute im Victoria & Albert Museum in London. Bertha wird Dagobert bis an ihr Lebensende verehren. Peche stirbt 1923 an einem bösartigen Sarkom (Weichteilkrebs).

1924 - Der einzige Bruder

10. August: Otto Sander, Berthas älterer Bruder, 25 Jahre alt, Neuenbürg im Schwarzwald

Otto ist der Mittlere der drei Geschwister: Gabriele ist ein Jahr älter und Bertha Regina zwei Jahre jünger. Es gibt viele Fotos der drei, meist in der Sommerfrische bei Großmutter Bertha Loeser in Spa oder am Meer. Ein rührendes Kinderfoto hat Bertha erst im Alter in das Gästebuch der großmütterlichen Villa Mosella geklebt: Otto - mit Hut und weißem Kittelkleid - zieht einen Leiterwagen, in dem die kleine Bertha sitzt. Mutter Clara schreibt in ihren Memoiren kaum über ihren Sohn, fast nur dass Otto 1917 erkrankt und auch Clara selbst „vor Hunger und Kummer" ins Sanatorium muss. Sein früher Tod wird kurz vermerkt, ohne jede weitere Erklärung. Bertha hat alles aufgehoben, was mit ihrem Bruder zusammenhängt: seine Tagebücher und seine literarischen Versuche, an ihn gerichtete Briefe, seine Todesanzeige und die Danksagungskarte der Familie. Diese Karte ist grafisch unkonventioneller als die Zeitungsanzeige, offensichtlich hat hier Bertha Einfluss genommen und sich ein wenig von der Peche-Anzeige inspirieren lassen. Otto verbrachte viel Zeit in Heilanstalten und in einer solchen ist er auch gestorben, in Neuenbürg im Schwarzwald. Aus seinen Notizen geht hervor, dass er an einer psychischen Erkrankung litt. Bertha wird später durchblicken lassen, er habe sich das Leben genommen.

1926 - Die geliebte Großmama

22. Januar: Bertha Loeser geborene Mayer, 79 Jahre alt, in Cap Ferrat/Frankreich

Die kleine Bertha liebt ihre Großmutter, die auch ihre Namensgeberin ist. Diese Frau hat Stil und Haltung, sie strahlt Ruhe und Gelassenheit aus. Nach ihrer Heirat zieht sie von Koblenz nach Oran in Algerien, wo ihr Mann Gabriel seit Jahren arbeitet. Weitere Stationen sind Marseille, Frankfurt am Main, ein Moselort und schließlich Lüttich in Belgien. Als dort eine Heimat gefunden ist, ein Haus in der Stadt und ein Sommerhaus auf dem Land gebaut ist, stirbt Gabriel Loeser 1902 überraschend. Bertha ist Witwe und Mittelpunkt der Familie. Ihre beiden Töchter Pauline und Clara kommen mit ihren Familien regelmäßig in die Sommerfrische. In den 1920er Jahren ist Madame Loeser oft bei ihrer älteren Tochter Pauline an der Côte d'Azur zu Besuch. Dort stirbt sie im Januar 1926 und wird in der schönen Jugendstil-Grabstätte in Lüttich beigesetzt, die sie vierundzwanzig Jahre zuvor für ihren Mann hat bauen lassen. Diese liegt der Enkelin später ebenso sehr am Herzen wie die vielen Erinnerungsstücke der Großmutter, die sie bis zu ihrem Tod sorgsam aufbewahrt hat. Es sind mehr als die von ihrer Mutter.

1927 - Der Freund, der zuvor zu Besuch war

15. Dezember: Edmond „aus Athen und Berlin", Alter unbekannt, vielleicht etwas älter als Bertha, gestorben wahrscheinlich in Athen

Nicht einmal drei Monate, nachdem Freund Edmond sie in Arosa besucht hat, bekommt Bertha wieder einmal traurige Post. Edmond ist gestorben. Der depressive junge Mann hat sein Leben selbst beendet. Das nächste Kapitel ist ihm gewidmet und erzählt von den gemeinsamen glücklichen Stunden in Arosa und traurigen Briefen aus Athen.

1928 - Der unsichtbare Vater

1. September: Vater Gustav Sander, knapp 65 Jahre alt, in Bad Reichenhall

Vom Vater ist bei Bertha nie die Rede. Er taucht auf keinem der vielen Fotos auf, auf denen seine Frau Clara Sander in unterschiedlicher Gesellschaft und oft mit jungen Menschen zu sehen ist. Nur mit Mühe findet sich in Berthas Nachlass ein Foto von Justizrat Gustav Sander, der Kopf steckt halb hinter einer Zeitung. Freunde aus Berthas letzten Jahren berichten, „dass sie nicht gut auf ihren Vater zu sprechen war". Gründe dafür sind nicht bekannt. Gustav Sander soll in seinem Beruf als Rechtsanwalt aufgegangen sein. Innerhalb der Familie bleibt er im Hintergrund, nur einmal hat er beispielsweise in das Gästebuch der Schwiegermutter geschrieben, wo die Familie jährlich die Ferien verbringt und sich einträgt. Auch seine Interessen Geschichte, Wandern und Botanik treffen nicht die seiner Frau. Ehefrau Clara bezeichnet die Ehe trotz der Verschiedenheit der Temperamente und Interessen als gut, jeder ließe dem anderen seine Liebhabereien. So ist Gustav Sander fern der Familie während eines Wanderurlaubs in Bad Reichenhall gestorben. Er hatte sich eine kleine Verletzung zugezogen und eine Blutvergiftung bekommen - kurz vor seinem 65. Geburtstag. Eine seiner Leidenschaften hat er Bertha vererbt: das Interesse an Botanik. Sie ist eine begeisterte Gärtnerin und in ihrem Nachlass liegt ein brüchiger Faltplan von 1910 mit botanischen Abbildungen. Er hat sicher ihrem Vater gehört.

Briefe aus Athen

Edmond aus Athen und seine Briefe, 1927.

Ein Päckchen Briefe liegt in Berthas Hutschachtel, auf den Briefbögen eine Firmenadresse in Athen. Sie sind von 1927 und privater Natur. Dabei liegt ein gerahmtes Foto: Unter seinem Hut lächelt ein zurückhaltender junger Mann in Mantel und Anzug, im Hintergrund ein eingespanntes Pferd vor einer Remise. Bertha hat später auf der Rückseite vermerkt „Edmond bei seiner Abreise". Einige Briefe stecken noch im Kuvert, es ist adressiert an Fräulein Bertha Sander, Sanatorium Altein, Arosa, Schweiz.

In Berthas Leben gibt es einen Einbruch. Gerade hat sie sich nach dreieinhalb Jahren in ihrem Beruf als Innenarchitektin in Köln so richtig etabliert, da erkrankt sie im Frühling 1927 wieder an Tuberkulose. Sie muss ihre selbstständige Tätigkeit unterbrechen. Bald nach der Heirat ihrer Schwester Gabriele mit dem Juristen Dr. Walter Speyer reist Bertha zur Heilung ihrer Krankheit in die Schweiz. Vorher frischt sie noch brieflich den Kontakt zu einem alten Freund wieder auf. Der arbeitet momentan für das Unternehmen seiner Familie in Athen. Es ist Edmond. Will die 26-Jährige jetzt ihr Privatleben intensivieren, wo das berufliche gerade wegbricht? Haben sich die beiden eventuell in Berlin kennengelernt, wo Edmonds Firma beheimatet ist? Bertha hat 1923 drei Monate lang in der Hauptstadt gearbeitet, ihre erste Absenz aus der elterlichen Wohnung abgesehen von Kur- und Ferienaufenthalten. Edmonds Antwort kommt postwendend:

Brief vom 13. Mai (1927) auf Briefpapier der Firma „Arthur Calamaro, Athènes, Rue Metropole & Patroou 7 + Berlin Kurfürstendamm 140

Athènes, le d. 13. Mai 192(7)
Meine liebe Bertha,
Das war eine schöne Überraschung und große Freude dein Brief und ich will gleich am gleichen Tag antworten, damit Du auch siehst wie sehr ich mich gefreut habe. Ich habe heute ständig an Dich gedacht und mir vorgestellt wie schön es sein würde wenn Du herunter kommen würdest und die 3 Monate statt in der Schweiz hier verbringen würdest. Na das ist natürlich nur so ein Traum wenn man auf der Straße geht und wenn man sich allein fühlt. Das heißt allein bin ich leider viel zu wenig aber ich fühle mich trotzdem sehr einsam und verlassen. Da ich Dir nun schreibe muß ich bei der Gelegenheit den Vorwurf den ich schon seit Jahren habe sagen. Nähmlich daß Du nicht einen Tag mal nach Berlin gekommen bist um uns wiederzusehen. Du wirst sagen warum ich nicht nach Köln mal gekommen bin und Du fragst in Deinem Brief ob ich bei der Rückreise nach Berlin nicht über

Köln kommen könnte. Du mußt aber wissen, daß seit den 4 Jahren nach dem Tode meines Vaters ich nicht einen einzigen Tag mir Urlaub genommen habe geschweige denn an eine Vergnügungsreise gedacht habe (gedacht schon aber dazugekommen bin sie zu machen). Was ich die ganze Zeit getrieben habe? Nun der Drill [ein gemeinsamer Freund] hat dir sicher viel mehr erzählt als ich Dir brieflich berichten könnte. Der Drill weiß ja über mich ganz gut Bescheid, wenn er auch in mancher Beziehung, wie ich glaube, mich mißversteht und meine Unfähigkeit aus mir herauszugehen falsch auslegt. Seit unserer Freundschaft habe ich mich immer stark für Innenarchitektur interessiert und mich gern damit beschäftigt mir auszudenken wie das und jenes sein müßte damit es praktisch und schön ist. Auch hier ist einer meiner Lieblingsgedanken mir vorzustellen wie ich mir ein Haus bauen würde oder mein Zimmer oder meine Zimmer einrichten würde. Obwohl eigentlich ich gar kein Haus haben möchte. — Ich bin sehr froh, daß der Drill glücklich ist und sich wohlfühlt. Der Gute Drill ist so voll der Liebe, daß er mir einen wirklich lieben Brief geschrieben hat und ich bin sicher auch Dir. Du wirst auch wissen wollen, ob ich mich verändert habe. Eine Photografie habe ich nicht. Aber schreib an Drill, der wird sicher eine haben und Dir schicken, wenn Du eine haben willst. Wenn Du von Dir eine bessere hast auf dem ich das Gesicht erkennen kann, würde ich Dich bitten [sie] mir zu schicken. — Ob ich innerlich mich geändert habe? Nun glaube ich nicht. Vielleicht bin ich schwerfälliger, verschlossener und ernster geworden sicherlich auch schweigsamer. Die allgemeine Meinung ist wohl ich sei nicht mehr nett. Für heute Schluß auf baldiges Wiedersehen hoffentlich bekomme ich wieder einmal einen Brief von Dir. Mit vielen Grüßen Dein Edmond.
Deiner Schwester übermittle bitte meine Glückwünsche.
(PS) Wie lange ich in Athen bleiben muß ist unbestimmt, wenn ich nicht plötzlich in Berlin nötig werde sicher den Sommer und vielleicht auch den Winter."
[Beiliegender Zettel]
„Mein Brief ist wie ich sehe, gar nicht so recht dankbar und freudig. Ich will Dir daher noch schreiben, daß ich sehr oft an Dich gedacht habe und mir oft überlegt habe ob ich an Dich schreiben soll, daß Du nach Athen kommst und ob Du wohl kommen würdest wenn ich Dich darum bitten würde. — Hoffentlich paßt Du gut auf mit Deiner Krankheit, damit Du nicht später an den Folgen derselben leiden mußt. ich wünsche Dir jedenfalls recht baldige gute Besserung."

Kontakte und Probleme

Die Korrespondenz geht hin und her: zwischen Bertha in Köln und ab Sommer in Arosa und Edmond in Athen und Berlin. Edmond freut sich über Berthas Kontaktaufnahme und möchte sie wiedersehen. Er selbst scheint mit sich und seinem Leben zu hadern, das lassen einige Bemerkungen vermuten. Offenbar weiß Bertha die Melancholie und Lethargie, die sich ihr in seinen Briefen mitteilen, richtig zu deuten. Sie hat erlebt, wie Menschen sich verhalten und äußern, wenn sie sich in ihrer Lebenssituation aussichtslos und gefangen fühlen. Bei ihrem Bruder Otto begann die psychische Krankheit 1917, er wurde anschließend in vielen Heilstätten behandelt. Im August 1924, also drei Jahre zuvor, hat sich der 25-Jährige im Schwarzwald das Leben genommen. Auch Edmond scheint schwermütig zu sein, wenn nicht gar depressiv. In diesem Sinne wird die Kölnerin an ihn geschrieben haben, worauf er am 5. August antwortet:

„Liebe Bertha,
Vielen Dank für Deinen Brief. Es ist furchtbar hart und bitter und so ganz ohne Grund. Ich kann immer noch nicht faßen ob es möglich, daß der Zufall so eingreift oder was anderes das ist. Du willst mir helfen und ich danke Dir dafür, aber es kann mir niemand helfen. Niemand kann mir meinen Vater wiedergeben und niemand ihn ersetzen. Du hast recht, ich weiß wirklich nicht was ich noch auf der Welt soll. [...?] einzigen Lebens [...?] habe ich verloren. Ich brauche nur zu warten, bis die Existenz meiner Brüder einigermaßen sichergestellt ist und sie den Tod von Papa überwunden haben dann kann ich Ruhe finden was ich schon immer ersehnt habe. [...] Laß es Dir dort gut gehen, Dein Edmond"

Unbeschwerte Tage in Arosa

Auf dem Weg von Berlin nach Athen reist Edmond Ende September 1927 nach Arosa, um Bertha wieder zu sehen. Sie wohnt im international bekannten Sanatorium Altein, das sich auf die Behandlung von Tuberkulose-Kranken spezialisiert hat. Der Gründer, Dr. Amrein war vor 1900 selbst daran erkrankt und fand heraus, dass das besondere Klima in den Schweizer Bergen gepaart mit Luft- und Liegekuren den Kranken Heilung bringen kann. Die Patienten sollen sich viel in Luft und Sonne aufhalten, aber ihren

Kopf immer mit einem Schirm beschatten. Das erklärt auch die häufige Präsenz exotisch anmutender Japanschirme, die gerade en vogue sind, in der Graubündner Hochgebirgslandschaft. Auch Edmond und Bertha posieren neckisch damit vor einer Kamera. Die ist Edmonds Gastgeschenk. Mutter Clara bekommt die ersten Fotos und einen gemeinsam geschriebenen Brief:

„Meine süße Mami,
vielen Dank für Deinen ausführlichen Brief. Die Bildchen sind unsere ersten Schandtaten auf dem Apparat, ich finde sie sehr nett. Edmond hat mir den Apparat geschenkt, ich bin sehr glücklich darüber. [...] Edmond fährt Samstag hier ab und [Fortsetzung Schrift Edmond] Bertha wird jetzt Haare geschnitten und ich setze den Brief ein wenig fort. [...] Wir haben heute Vormittag auf dem Spaziergang lang und breit Pläne gemacht. [...] Sie und Bertha sollen nähmlich nach Athen kommen im Frühling, wenn es dort am schönsten ist und Bertha von hier fort darf. Ja und vorher sollten Sie auf einige Zeit nach Arosa kommen. Im Februar wenn hier strenger Winter ist. Von hier würden Sie nach Venedig fahren, dort einige Tage bleiben um diese Stadt mit ihrem einheitlichen Stil und schönen ... [?] Gondeln zu geniessen und dann mit dem Loyd Triestino nach Piräus fahren. Selbst die Rückreise haben wir in weiser Voraussicht besprochen. Die würde auch wieder per Dampfer mit einer..." (Rest fehlt)

Also sind die Pläne für das kommende Frühjahr gemacht, schöne Perspektiven für alle. Bei Edmonds Abreise wird nochmals fotografiert. Ein Abzug davon landet früher oder später in Berthas Bilderrahmen. In Berthas Nachlass finden sich überraschenderweise gleich zwei Briefe von Edmond an Bertha, die auf den 6. Dezember 1927 datiert sind. In dem einen schreibt Edmond munter: *„Mein Liebes, heute nur ein paar Zeilen in Eile damit Du nicht zu lang auf einen Brief warten mußt."* Der zweite Brief erreicht sie erst später, Mitte Dezember 1927, über den Umweg Berlin.

Traurige Nachricht

„15/ XII/ 27
Liebe Bertha,
anbei sende ich Ihnen einen Brief, den mein unglücklicher Bruder für Sie zurückgelassen hat. Er hat sich das Leben genommen ohne daß wir eine Ahnung davon hatten. Später teile ich Ihnen Einzelheiten mit, wenn ich besser dazu in der Lage sein werde. Denn er hat mich beauftragt Ihnen zwei Bücher und eine Kleiderbürste zu senden.
Ihr
Isidor"

Edmonds zweiter Brief vom 6. Dezember liegt diesem Schreiben von Isidor bei. Auf zwei eng und ruhig beschriebenen Seiten erklärt der Athener Freund ihr seinen Schritt und verweist auf weitere Begründungen, die seine Brüder in Berlin kennen.

„Habe vielen Dank für Deine Liebe. Wenn meine Liebe nicht ausreicht um mich zu halten, so glaube ich nicht, daß sie nicht groß genug ist, sondern meine Veranlagung und alle dahinwirkenden Umstände größer und stärker sind." schreibt Edmond und legt ein kleines Herzchen bei, das von seiner Taufe stammt und das seine Mutter getragen hat. Er verabschiedet sich mit *„Nun leb wohl ich küße Dich vielmals und wünsche Dir alles Gute, vor allem, daß Du eine glückliche Gattin und Mutter wirst.*
Dein Edmond."

Edmonds gute Wünsche haben sich nicht realisiert. Bertha lebt lebenslang ohne Mann und Kind. Letztendlich wohnt sie über fünf Jahrzehnte lang mit ihrer Mutter zusammen und danach drei alleine im Londoner Exil.

Fräulein Sander No. 20

Bertha in Schweizer Sanatorien, in Arosa und Davos.

E in kleines, gefaltetes und mit rotem Siegellack verschlossenes Briefchen an „Fräulein Sander No. 20" - ein charmantes Erinnerungsstück aus Berthas Hutschachtel. Es muss aus der Zeit um 1928/29 im Sanatorium Davos-Dorf stammen, denn auf einem Gruppenfoto, das wahrscheinlich anlässlich eines Festes aufgenommen wurde, steht rückseitig ebenfalls „Frl. Sander Nr. 20", daneben der Stempel eines Davoser Fotografen. Ein gewisser David hat das Briefchen geschrieben. Laut Inhalt wurde ihm Bettruhe verordnet. Hat es vielleicht ein Bote überreicht oder unter Berthas Tür durchgeschoben, es im Speisesaal in ihre Serviettentasche gesteckt? Warum ist es versiegelt? Wegen des privaten Inhalts, wegen möglicherweise neugieriger Boten? Oder einfach nur als romantische Geste, was aus heutiger Sicht stimmiger erscheint und zur Zauberberg-Atmosphäre passend.

„Liebe ‚Liny'
Ich liege heute im Bett - nichts besonderes, nur Kopfweh und Bauchweh — alle beide sind viel besser geworden in den letzten Stunden! Dr. Punschell hat mir zu essen verboten, nur ganz leichte Sachen — also heute verhungere ich nicht sehr, und bitte, Liny machen Sie mir ein kleines Besuch, wenn es Ihnen Leid tut; denken Sie mal, den ganzen Tag im Bett und vielleicht morgen auch - ja, ich bin Fatalist und wie!
David."

David taucht in Berthas Nachlass nochmals auf: Ein kleines Foto zeigt ihn, von eigener Hand beschriftet: „David 1949 Salzburg Mirabell Garten". Ein weiteres einzelnes Foto zeigt Bertha mit ihrer typischen Kopfhaltung in einem Park. Es passt von Motiv, Fotopapier und Abzugsnummer her genau zu Davids Bild. Haben die beiden über zwanzig Jahre Kontakt gehalten oder ihn in Salzburg erstmals wieder aufleben lassen?

Heilsame Höhenluft

Bertha ist wegen ihrer wiederholten Tuberkulose-Erkrankung in die Schweizer Berge gekommen. An Tuberkulose, auch als TBC, „Schwindsucht" oder früher umgangssprachlich als „die Motten" bezeichnet, erkrankten im 19. und 20. Jahrhundert viele Menschen in Europa. Die Infektionskrankheit verläuft chronisch und wird durch Bakterien verursacht. Um 1900 wird festgestellt, dass die trockene Höhenluft in den Schweizer Bergen die Beschwerden lindert. Während sich in ganz Europa die Krankheitsfälle häufen, erkrankt beispielsweise kein Einwohner des Bergdorfes Davos. Nun reist, wer es sich leisten kann, in die Berge, um durch Luft- und Liegekuren zu gesunden. Einer der bekanntesten Gäste ist Thomas Mann, der seine kranke Frau Katia begleitete. In seinem 1924 erschienenen Roman „Der Zauberberg" macht er die Sanatorien populär und beschreibt sie als Sehnsuchtsorte. *„Diese Höhenkliniken sind so etwas wie Wallfahrtsorte gewesen."* schreibt der Medizinhistoriker Eberhard Wolff. Auch Bertha pilgert dorthin.

Es ist schön dort. Die Schweizer Sanatorien der Lungenheilkunde sind komfortabel bis luxuriös ausgestattete Häuser, die ihren wohlhabenden und meist internationalen Patienten viele Annehmlichkeiten bieten. Großzügige Gesellschafts- und Aufenthaltsräume gehören dazu, Bibliotheken und ein anspruchsvolles Kulturprogramm. Es ist ein aus heutiger Sicht ganzheitlicher Ansatz. Laut ausdrücklicher Anordnung der leitenden Ärzte soll der Aufenthalt für die Heilungssuchenden angenehm und erholsam sein und nicht wie auf einer Isolierstation für ansteckend Kranke. Zu den modernen Sanatorien gehören große Balkone, auf den die Patienten die verordneten Luft- und Lichtbäder nehmen.

Kaffee mit Docteur Herrmann

Zum gesellschaftlichen Leben im Sinne der ganzheitlichen Gesundung gehören offensichtlich auch gemischte Runden von Ärzten und Patienten. Auf den Fotos einer Kaffeetafel vor dem Sanatorium Altein in Arosa ist rechts Dr. René Herrmann zu sehen. Bertha hat seinen Namen auf der Fotorückseite vermerkt und seine Visitenkarte aufgehoben, auf der er sich auf Französisch sehr bei einer charmanten Madame bedankt. In einem ihrer kleinen Fotoalben stecken noch private Aufnahmen mit dem smarten Herrn Doktor. Wie gut, dass Bertha durch ihre Familie mütterlicherseits schon lange mit der französischen Sprache vertraut ist.

Also trösten Sie sich!

Auch im Sanatorium Davos Dorf, wo Bertha sich zuletzt aufhält, werden die Kontakte zwischen Ärzten und Patienten gepflegt. Im Sommer 1930, als sie wieder zu arbeiten begonnen hat, plant Bertha offenbar, dem Sanatorium Davos Dorf auf der Durchreise einen Besuch abzustatten. Ende Juni antwortet ihr Chefarzt Dr. Biland schriftlich, er sei Ende Juli sicher da. Offenbar hat sie in ihrem Brief über die Schwierigkeiten beim Wiedereinstieg in den Beruf geklagt. Denn Dr. Biland beschwichtigt sie *„Alle grossen Menschen haben zu Beginn Mühe, bis sie sich mit ihren grossen Fähigkeiten durchsetzen. So wird es auch bei der Innenarchitektur sein. Also trösten Sie sich! Mit vielen herzlichen Grüssen Ihr sehr ergebener..."*

Ob Bertha Biland in Davos getroffen hat, ist nicht belegt, bei seinem Brief liegt seine Todesanzeige vom Oktober 1930. Sie teilt mit, dass er *„heute morgen im Alter von 53 Jahren plötzlich durch einen Schlaganfall entrissen wurde."* Nun lautet die Devise nochmals: *„Also trösten Sie sich!"*

Israelitische Türgriffe

Griffe für das jüdische Krankenhaus und ein Möbelprogramm.

Von eigenwilligen Türgriffen ist immer wieder die Rede, wenn die Nachbarin Haag über Bertha in London berichtet. Die sollen noch im Original in Berthas Hutschachtel liegen - als die einzigen dreidimensionalen Zeugnisse ihrer Arbeit. Entworfen worden seien sie für das Israelitische Asyl in Köln. Dieses wurde im 19. Jahrhundert als eine Stätte für arme Kranke und Altersschwache gegründet beziehungsweise gestiftet. Unter dem nationalsozialistischen Regime kommt ihm neue Bedeutung zu. Jetzt dürfen Juden nicht mehr in „normalen" Krankenhäusern behandelt werden; gleichzeitig werden diesem Krankenhaus nur noch im absoluten Notfall nichtjüdische Patienten zugewiesen. Dr. Benjamin Auerbach, ein alter Freund der Familie Sander, baut deshalb im Israelitischen Asyl in der Ottostrasse unter anderem auch eine neue Privatstation auf. Mit der Einrichtung wird die 33-jährige Innenarchitektin Bertha Sander betraut. Dies ist ihr letzter großer Auftrag. Als sie nach ihrer Krankheit, Mitte 1930, ihre selbstständige Arbeit wieder aufnehmen kann, hat die Weltwirtschaftskrise die finanziellen Verhältnisse der Bürger stark beeinträchtigt. Und ab 1933 wird die Situation der jüdischen Bürger in Deutschland immer schwieriger. Ab 1934 dürfen sie schließlich nur noch für Juden arbeiten. Dieser große Auftrag wird zum viel zu frühen Abgesang an Berthas berufliche Laufbahn.

... fürs Asyl

Sie sollen formal ungewöhnlich sein, sehr ergonomisch geformt, richtige Handschmeichler - so schwärmt die Nachbarin, die sie selbst in Berthas Retirement Home in der Hand hatte. Eines Tages bringt sie von einer London-Reise ein paar Fotos mit. Die Türklinke, die sonst ein mehr oder weniger gerader, horizontaler Griff ist, ist hier ein nicht ganz geschlossener Kreis, den die Hand umfasst. Zwei Griffe sind abgebildet, einer mit einem Schlüsselloch im Türschild, einer ohne. Sie sind wirklich außergewöhnlich. Als Bertha sich etappenweise von ihren Arbeiten trennt, gehen auch diese „door handles" an das Victoria & Albert Museum, Mr. Calloway bedankt sich 1987 schriftlich dafür. 1991, beim ersten Recherche-Besuch in London, heißt es dort, dass sie sich im „Metalwork Department" befinden müssten. Die Zeit reicht nicht, sie ausfindig zu machen.

Verschollene Museumsstücke

Als im Januar 2013 der Termin für die Ausstellung über Berthas Leben und Werk genau festliegt, ist es die erste Tat, im „Metalwork Department" des Londoner Museums nach der Archiv-Nummer der Türgriffe zu fragen. Die ist notwendig für den dringlich zu stellenden Leihantrag. Sie sind für die Kölner Ausstellung so wichtig, diese einzigen „realen" Objekte aus Berthas Schaffen. Vom Victoria & Albert Museum erfolgt keine Reaktion auf die bebilderte Anfrage. Am Telefon meldet sich immer nur die „answering machine". Also folgt eine weitere Anfrage über die Pressestelle des Museums, die antwortet und besorgt die Weiterleitung. „Metalwork" verspricht darauf hin, sich bald zu melden. Inzwischen ist April und ich reise nach London, um nach über zwanzig Jahren die Bestände nochmals im Hinblick auf die geplante Veranstaltung zu sichten. Zwei Tage vor der Abreise trifft eine E-Mail ein, Mr. Eric Turner, Kurator des „Metalwork Department" schreibt freundlich, dass er die Türgriffe gefunden habe. Aus unerfindlichen Gründen hätten sie nie eine Archivnummer erhalten, jetzt aber würde diese sehr schnell erteilt und mitgeteilt. Einige Tage später gibt es kurzfristig die Möglichkeit, im Hauptgebäude des Museums die Griffe und den freundlichen Kurator zu sehen. Klein sind die Griffe und sie sind starr — nicht wie eine Türklinke zu betätigen. Es sind eher „furniture fixtures", Möbelgriffe, glaubt der britische Kunsthistoriker. Er ist sehr interessiert an Informationen über die deutsche Innenarchitektin und sagt, dass aus seiner Sicht, also kuratorisch, einer Ausleihe für die Ausstellung nichts im Wege stünde. Und die Archivnummer würde bald übermittelt werden. Aber auch im September 2013 ist sie noch nicht da.

Keine Chance

Umgehend wird ein Leihantrag - leider immer noch ohne Archivnummer, aber mit Foto und Lagerungshinweis, an das Victoria & Albert, das größte Kunstgewerbemuseum der Welt gesandt. Gebeten wird um die Türgriffe, die eigentlich Möbelgriffe sind, und ein paar weitere Arbeiten von Bertha. Nach etlichen Rückfragen kommt irgendwann aus London die Nachricht, dass man Verständnis haben möge, aber die Institution bekomme im Jahr über einhundert Leihanfragen aus aller Welt. Das sei sehr viel und würde sehr viel Arbeit bedeuten und daher benötige man mindestens neun

Monate für die Bearbeitung einer Anfrage. Sicher könnten wir beim nächsten Mal rechtzeitig... Kurz danach stellt die Wochenzeitung „Die Zeit" ein Interview mit dem Direktor des Londoner Museums online. Martin Roth ist Deutscher und seit 2011 als erster Nicht-Brite Inhaber dieser Position. *„Ich möchte das Museum so umstrukturieren, dass es äußerst effizient arbeiten kann"*, sagt Roth im Interview. Geht dann die Prozedur schneller vonstatten oder wird die lästige Ausleiherei als Dienstleistung ganz eliminiert? Daher gibt es von Berthas Griffen in der Ausstellung nur ein Foto. Notfalls sogar nur das improvisierte Foto, das Nachbarin Haag 1986/87 im englischen Altenheim machte - falls nicht das V & A kurzfristig mit einer professionellen Aufnahme „just in time" überrascht. In den „Archives of Art and Design" des besagten Museums liegt im Gesamtnachlass Sander auch noch eine technische Zeichnung für die Nachttische dieses Krankenhauses. Sie haben eine einseitig abgerundete Platte, zum Bett hin ein Schubfach und einen kleinen Schrankaufbau. Bertha hat alles eindeutig beschriftet und mit 1934 datiert.

Fund im Archiv

Bisher gelten Berthas Türgriffe als die einzigen dreidimensionalen Gegenstände, die im Original erhalten sind. Am ersten Recherche-Tag im „Archive of Art and Design" schaue ich die Bestandsliste durch und ordere erst einmal die letzte Position zur Ansicht. Es kommt ein kleines, unregelmäßiges Päckchen in Seidenpapier, verschnürt mit einem Textilband, an dem die Archivnummer hängt. Heraus kommt ein weiterer dreidimensionaler Gegenstand: ein Garderobenhaken. Er ist klar und puristisch gestaltet: ein senkrechter Haken, der unten quer einen Bogen trägt. Oben kann ein Hut Platz finden, auf dem Bogen schonend der Mantel hängen - ohne punktuell verzogen zu werden. Hat dieser heute noch modern erscheinende Haken auch zur Ausstattung des jüdischen Krankenhauses gehört? War er einstmals auch in Berthas Hutschachtel? Von ihm war vorher nie die Rede. Auch er muss in London bleiben, kann in der Ausstellung nur als Abbildung das Werk der Kölnerin komplettieren.

Fund bei Wikipedia

Im Jahr 1934 erhält Bertha einen weiteren Auftrag für eine jüdische Institution. Diese Information gelangt 2013 auf ungewöhnlichem Wege zu den Ausstellungsmachern. Ein Mitarbeiter der Stadt Köln arbeitet privat mit großem Engagement an Wikipedia-Beiträgen. Zum Weltfrauentag 2013 möchte er weitere Porträts von Frauen einstellen. Er arbeitet an einem von Bertha Sander und weiß, dass sich im NS-Dokumentationszentrum Material über sie befindet und eine Ausstellung vorbereitet wird. Im Sinne der guten Sache erhält er kurzfristig Ergänzungen und Korrekturen zu verschiedenen Daten und Fakten über Bertha sowie eine Liste ihrer Publikationen. Im Gegenzug findet sich in seinen Recherchen ein Hinweis auf eine bisher unbekannte Arbeit der Kölnerin. Sie hat für eine Aufführung von Paul Hindemiths Singspiel „Wir bauen eine Stadt" im Chanukkah-Monat 1934 die Kostüme entworfen. Die Aufführung fand am 19. und 20. Dezember im Haus der „Bürgergesellschaft" am Appellhofplatz statt, dem Ort der Bertha-Sander-Ausstellung im Jahr 2013/14. Annonciert wurde die Aufführung in den Mitteilungen vom „Jüdischen Kulturbund Rhein-Ruhr", der die Beteiligten aufführt, so die Musikwissenschaftlerin Else Thalheimer als Leiterin und Bertha Sander als Kostümgestalterin. Als Veranstalter fungierte die „Jüdische Kunstgemeinschaft Köln". Auf der Suche nach weiteren Informationen findet sich im Archiv des NS-Dokumentationszentrums die Fotografie der Tänzerin Grete Keller in einem dieser Kostüme. Die Aufnahme wurde vom Kölner Fotografen Hans Schiff, einem Schüler des berühmten August Sander, gemacht. Er wanderte 1938 mit seiner Frau Trude, die als Ärztin im Israelitischen Asyl arbeitete, über England nach New York aus.

Babymöbel, Sprechzimmer und gehäkelte Kappen

Bertha ist vielseitig aktiv, um sich trotz Weltwirtschaftskrise beruflich zu behaupten und Geld zu verdienen. Von der eher links orientierten Beilage „Die Frau und ihr Haus, Zeitschrift für Kleidung, Gesundheit, Körperpflege und Wohnungsfragen, Berlin" sind mehrere Veröffentlichungen mit Berthas Entwürfen erhalten. Auf einer ganzen Seite werden 1930 unter der Überschrift „Gehäkelte Kappen" fünf Fotos von Berthas Entwürfen gezeigt, dazu die Häkelanweisung und der Hinweis auf „Anfertigung nach Maß und angegebenen Farben übernimmt Berta Sander, Köln=Lindenthal."

Auch das Foto einer Sprechzimmer-Einrichtung für „Dr. Sch.", das 1932 vom Studio Ehrlich angefertigt wurde, wird 1933 in dieser Zeitschrift mit einem Text veröffentlicht unter der Überschrift „Das Sprech- und Wohnzimmer eines Arztes von Bertha Sander, Köln". Möglicherweise ist es das der Kinderärztin Dr. Alice Schiff, zu der Sanders auch später nach deren Emigration nach Los Angeles noch Kontakt halten. Ob Alice Schiff (geborene Goldstein) über ihren Ehemann auch mit dem oben genannten Fotografen Hans Schiff verwandt ist, ist nicht bekannt. Auch die Babymöbel für „Peters Zimmer" in einer weiteren Veröffentlichung stammen von Bertha. Das Foto dieser Möbel von 1933 hat es 2007 sogar in einen englischen Internet-Blog geschafft: „daddytypes.com, The Weblog for new Dads". Auch ein Schlafzimmer-Programm von 1934 ist als Foto erhalten. Es ist in einem Hinterhof wie ein Produktangebot für Möbelhändler fotografiert. Alle Teile sind aufgereiht, vom Bett werden nur Kopf- und Fußteil gezeigt. Diese und die Babymöbel sind als Versuch anzusehen, von einem Entwurf durch mehrfache Fertigung zu profitieren. In schwierigen Zeiten sind - theoretisch - für solch preiswertere „Konfektion" mehr Kunden zu finden als für maßgeschneiderte Einzelentwürfe, die naturgemäß immer wesentlich teurer sein müssen. Hat diese clevere Strategie funktioniert, hat Bertha genug verkaufen können?

Eine schöne lange Reise

Bald sind diese Bemühungen überholt. Die Situation der „Nicht-Arier" wird immer bedrückender. Eine kleine Episode mag da vielleicht noch einen weiteren Anstoß gegeben haben. Bertha und ihre Mutter sind immer viel gereist. 1935 sind ihre Reisepässe aus unerklärlichen Gründen verschwunden, also beantragt Clara Sander neue. Als Mutter und Tochter sie bei der Behörde abholen, sagt der Beamte, der die Sanders lange kennt, sehr ausdrücklich: „*Sie haben doch schon lange keine **schöne, lange Reise** mehr gemacht, tun Sie das doch einmal wieder.*" Die wird nun vorbereitet, mit voller Kraft.

Eine deutsche Anzeige in London

Die winzige Anzeige und ein Sofaentwurf von Bertha, 1936.

Im Januar 1936 wandern Bertha Sander und ihre Mutter nach London aus. Die 34-jährige Tochter nimmt den direkten Weg, die Mutter macht einen dreimonatigen Umweg über die Côte d'Azur. Dort besucht sie ihre ältere Schwester Pauline, die seit 1932 in Monaco wohnt, hoch über dem Hafen, nahe beim Exotischen Garten. Clara Sander schreibt später: „*...war es mein grosses Vergnügen, gegen Abend vom Balkon aus das Angehen der Lichter um den Hafen herum zu beobachten. Eines nach dem anderen gingen diese Lichter an, bis es aussah wie eine Diamantenkette in Hufeisenform. Die lag da um das in der Dämmerung noch blaue Wasser. Rechts davon waren die Lichter der alten Stadt Monaco auf dem Felsen, links war der Park des Casinos.*"
Mutter Clara nutzt ihr Visum von drei Monaten ganz aus und verabschiedet sich im April von ihrer Schwester, die im Juni an einer Lungenentzündung stirbt. In London beginnt nun für die beiden Frauen ein neues Leben.

Online-Fund in Wien: Die deutsche Anzeige

Über ihre ersten Jahre in London ist kaum Material in Berthas Nachlass zu finden. Einen Versuch, per Annonce im „The Architect's Journal" Arbeit bei oder mit einem Architekten zu finden, belegt eine Zuschrift von 1936, die in den Londoner Archiven lagert. Entwürfe und Zeichnungen sind nur schwer den 1930/40er Jahren in London zuzuordnen. Eine Ausnahme sind aquarellierte Entwürfe für Polstermöbel. Die Serie besteht aus fünf Zeichnungen, die auf 1936 datiert sind. Umso überraschender ist ein Online-Fund in Wien. Beim Recherchieren über Philipp Häusler, den ehemaligen Lehrer Berthas, zeigt sich 2011, dass sein Nachlass in der Wienbibliothek liegt, die im Wiener Rathaus untergebracht ist. Das Verzeichnis ist online einsehbar und zwei Positionen fallen gleich ins Auge:

„*2.1.6.2.34. Sander, Bertha: 1 Br., London, 01.02.1948 (Ms., 3 Bl.), 1 Umschlag
4.5.1.1. Annonce ‚Innenarchitektin Bertha Sander', Zeitung unbekannt, o.O., o.D.*"

Die zuständige Kunsthistorikerin ist sehr hilfsbereit, kurzfristig kommt per E-Mail ein Scan von beiden Dokumenten. Bertha hat also in London eine deutschsprachige Anzeige aufgegeben, in der sie unter den Emigranten

Kunden sucht. Wann und wo sie erschienen ist, ist nicht vermerkt. Sie hat die winzige Anzeige sorgfältig ausgeschnitten und sie ihrem ehemaligen österreichischen Lehrer und langjährigen Vertrauten zugesandt.

(Originalgrösse 66 x 23 mm)

Innenarchitektin Bertha Sander
früher Köln, jetzt London N. 2
98 Monarch Court, Lyttelton Road. Fernruf: Speedwell 1130
Bei Uebersiedlungen nach London: Entwürfe für neue Einrichtungen
und Vorschläge für Aenderung des Vorhandenen, den englischen
Wohnräumen entsprechend. Auskunft über Wohnungen.-
Genaue Pläne und Maße. Referenzen in Deutschland und England

Wo und wann hat Bertha diese winzige Anzeige geschaltet? Es muss um 1937 gewesen sein. Denn am 10. Juni dieses Jahres hat Clara ihrer Tochter eine Postkarte aus Windsor an die gleiche Postadresse gesandt. Die ist nicht weit von Sanders späterem Haus in Hampstead Garden Suburb entfernt.

Mütterliche Anweisungen

Auch in England kümmert sich Mutter Clara weiterhin und mit voller Energie um die Karriere ihrer Tochter. In einem Brief von Januar 1939 moniert sie Berthas *„vielverbesserte, durchgestrichene unleserliche Karte"*, die sie gerade erhalten habe. Sie gibt Anweisungen, wie ihre Tochter gegenüber einem gewissen John de Kadar Esq. reagieren soll und schreibt noch an den Rand *„Schreibe schön ruhig, grade und orthographisch."*

Bertha ist da fast 38 Jahre alt und wo sie sich gerade aufhält, ist unklar. Mutters Briefbogen belegt jedenfalls, dass mindestens sie seit Januar 1939 im eigenen Haus in Hampstead Garden Suburb wohnt.

Freiheit und schlechte Chancen

Sicher hat Bertha aufgrund ihrer beruflichen Erfolge und der guten gesellschaftlichen Kontakte viele Empfehlungen und Kontaktadressen mit nach London genommen. Aber ihre berufliche Lage stellt sich schwierig dar. In ihrem Lebenslauf schildert sie später ihre Situation:

„Mit meiner alten kranken Mutter verliess ich 1936 unser Haus in Köln, in dem ich geboren wurde, und ging nach England. Meine Versuche dort Arbeit zu finden schlugen fehl, in meinem Berufe konnte ich nicht einmal als Angestellte unterkommen da mir dies als Ausländerin verboten war. Um durchzukommen betätigte ich mich in verschiedenen Berufen. Ich war im Bürodienst von Hotels beschäftigt, ich machte die Buchhaltung in kleinen Fabriken, ich arbeitete mit einer Buchbinderin zusammen und schliesslich war ich Verkäuferin in einem Blumenladen."

Ein Brief von Bertha, der ebenfalls in der Wienbibliothek entdeckt wird, ist eine große Bereicherung: Er ist die einzige persönliche Momentaufnahme aus dieser Zeit. Am 1. Februar 1948 schreibt die 47-Jährige an Philipp Häusler, der 1945 vor den Nationalsozialisten nach Gmunden am Traunsee (Österreich) geflüchtet ist, und schildert ihre Situation.

„43, Litchfield Way, N. W. II London
1 - 2- 48.
L. Ph.
erst heute komme ich dazu Ihren langen Brief zu beantworten. Ich hatte gehofft mehr Zeit dafür zu haben. Es ist zwar Sonntag aber bis heute Abend 9 p. m. habe ich keine Secunde Zeit gehabt. Es ist nämlich Mamas Geburtstag. Ja, ich kaufe bei Heal's einen hübschen einfachen Sessel und Mama ist beglückt. Ich habe ja immer ein offenes Feuer in unserem grossen Zimmer in dem Mama auch schläft. Ich bin sehr beunruhigt über Ihre Gesundheit. Ich gab Ihren Brief meinem Facharzt hier, er sagt man müße mit einer Nadel die Flüssigkeit herauspumpen und z. Teil mit Luft ausfüllen. Was Ihre Aerztin Ihnen da gäbe wäre falsch. Können Sie nicht mal zu einem richtigen Arzt in einem Krankenhaus zu einem Mann oder Professor gehen? Diese Ärztin hat nicht die genügende Autorität über Sie, leider verstehe ich ja viel von dieser Krankheit. Wir haben seit 10 Tagen eine Inderin zur Pflege hier der dasselbe fehlte. Sie war 5 1/2 Monate fest im Bett hier im Krankenhaus,

*sie ist nicht lungenkrank sondern hatte eine akute Pleuresie mit Exuclat [?].
Sie ist gesund und fährt in 5—6 Wochen nach Indien. Ich bin ausser mir
wenn ich lese wie man sie behandelt. Es ist mir immer schrecklich wenn Sie
schreiben wären Sie nur hier geblieben. Sie wissen ich hatte Platz hier für
Sie alle 3 in unserem Haus und nur den einen grossen Wunsch Sie möchten
sich entschließen hier zubleiben. Sicher hatte ich unser Haus in Köln gerne
aber für mich gabs nur eins lieber arm in Freiheit leben als reich in
Deutschland. Damals wußte man ja noch nicht was denjenigen die zurück-
blieben bevorstand. 1940 das war als wir von unserem Geld durch überren-
nen [?] des Landes abgeschnitten wurden und heute noch sind. Das Vermö-
gen ist noch da, aber wir können ja nicht darüber verfügen und wer weiß
bis wann es sich hinzieht. Und es ist für mich schwer tag aus tag ein ohne
Sonntag für Jahre zu kennen so zu arbeiten. Vielleicht habe ich bald Zeit
Ihnen mehr zu schreiben, obwohl wir diese Woche wieder 3 Leute haben,
wir hatten es für 10 Tage auch dann sind die Tage zu kurz für alles. Ich will
versuchen von hier aus zu arbeiten, mich interessieren ja nur Muster für
Decorationsstoffe. Ich male sowas nun direct auf den Stoff. Sie würden viel
Freude haben wenn Sie sehen könnten wie ich jetzt arbeite. Ich habe Muster
nach U.S.A. geschickt die gefallen haben muß nun versuchen eine grössere
Collection zu machen und werde sie dann hier anbieten. Ledersachen liegen
mir nicht so, ich habe alles getan all die Jahre aber es ist mir fremd, ebenso
wie Lampenschirme. Ich habe nur ganz einfache Sachen gerne und mir liegt
an so Firlefanz wie man die Sachen jetzt macht garnichts und [ich] verstehe
auch nichts davon. Hoffentlich kommt das Paket noch an vorige Woche
sandte ich Ihnen wieder eins. Diesen Monat schicke ich wieder eins, ir-
gendetwas finde ich immer. Wir jammern sehr um Gandhis Tod wir haben
viel über ihn gelesen. Ich glaube ja niemals an Gewaltherrschaft und
Schiesserei, der Besiegte sinnt immer nur auf Rache und meint immer ihm
sei Unrecht geschehen.
Für heute gute Nacht, L. Ph. und schreiben Sie mir bald wieder
Ich bin Ihre Bertha"*

In Berthas Nachlass in den Londoner Archives of Art and Design sind bei den zahlreichen Stoffentwürfen keine Beschriftungen aus dieser Zeit zu finden. Somit sind die von Bertha im Brief erwähnten Textilentwürfe für die USA, seien sie auf Papier oder auf Stoff, auch nicht zu identifizieren.

Ein Vortrag in England

Irgendwann - vor oder nach dem Zweiten Weltkrieg - muss Bertha in London Gelegenheit bekommen haben, ihre berufliche Situation im Zusammenhang mit den Restriktionen des NS-Regimes und ihrer Emigration in einem Vortrag darzustellen. In den Londoner „Archives of Art and Design" liegt ein Manuskript, aus dem nachfolgend zitiert wird.

„Since the year 1933 I have been obliged to modify my work. Besides the new home which I had to furnish, it was my chief task to assist my clients in having to change from large houses and homes into smaller homes. The living standard of the jewish population had suddenly been lowered and a little while later the carring on of a household was still further made difficult owing to the law affecting the servant question. During this period of curtailment I had to supplement my technical knowledge with a more purely humanitarian activity by helping without incurring considerable expense, to make all these small homes practical and comfortable. In doing this I was led by my basic consideration to assemble in the new home within which german Jewes was more confinded than ever, as many possible of those objects to which in their former homes they were devoted. My clients often expressed apprehension lest as a modernist I would pick out from their belongings only the most modern objects to transfer to the new home, but I have always advised them to part with what is most saleable and to create the new home from the old beautiful period furniture which often dated back to Grandfather's time. In those cases where my clients had to leave houses in which they spend most of their lives, there were of course, sad days. It was not only the upheaval incidental to the removal which of course, I would not prevent (tough I undertook all the work connected with the removal) which saddend these people, but the separation from so much which was bound up with their former and more comfortable lives. It was my task to extend consolation to my clients, to endeavour to brighten them, and as far as possible to help them over the first few days, and I am happy to say that in this I have almost invariably been succesful, and when the new small home with all the most comfortable old furniture was completed, then rest and contentment again returned to the owners. England has shown hospitality to many refugees & immigrants and we sincerely hope that our work will be of actual benefit to the country and that in this way we can show our gratitude."

Zum Zwecke der Vorlage bei Behörden

Berthas Lebenslauf, aus dem hier (im Absatz vor ihrem Brief an Häusler) ein Auszug zitiert wird, ist eine originale Schreibmaschinen-Kopie auf dünnem Papier aus ihrem Nachlass. Er wurde höchstwahrscheinlich 1953/54 für den Antrag auf Wiedergutmachung anfertigt. Dazu gehört, in gleicher Art erhalten, die originale Kopie der Bestätigung, die Philipp Häusler ihr 1954 zur Vorlage bei den deutschen Behörden geschrieben hat.

„Wien, 20.1.1954
Bescheinigung zum Zwecke der Vorlage bei Behörden.-

Die Innen-Architektin Bertha S a n d e r, früher in Köln-Lindenthal wohnhaft und zurzeit in London ansässig, ist mir seit vielen Jahren bekannt. Sie war 1917 meine Schülerin an der Kunstgewerbeschule in Köln, an welcher ich damals als Lehrer wirkte, und sie wurde 1920, nach Beendigung ihrer Lehrzeit in einer Kölner Schreinerei, in meinem Architektur-Atelier in Köln als Möbelzeichnerin beschäftigt. Als ich 1923 in die künstlerische Leitung der Wiener Werkstätte nach Wien berufen wurde, liess ich Fräulein Sander nach Wien kommen da mir ihre Begabung und ihre guten technischen Kenntnisse dort von Nutzen schienen. Fräulein Sander konnte ihre Praxis als Innen-Architektin an den damals besten Stellen ausüben, sie wurde in den Architektur-Ateliers von Prof. Bruno Paul und Prof. Schultze-Naumburg beschäftigt und sie arbeitete unter Prof. Josef Hoffmann in der Künstler-Werkstätte der Wiener Werkstätte. Diese guten Plätze, besonders aber die kunsthandwerkliche Vielseitigkeit der Wiener Werkstätte, vermittelten ihr eine ungewöhnliche Kenntnis der meisten kunsthandwerklichen Uebungen so dass ihr Start zur Selbständigkeit damit bestens vorbereitet war. Dazu kam, dass Fräulein Sander einer angesehenen Kölner Familie entstammt und sehr gute gesellschaftliche Beziehungen hatte. Ihre Mama war Schriftleiterin der weitverbreiteten Zeitschrift ‚Deutsche Frauenkleidung und Frauenkultur'.

Der Umschwung 1933 in Deutschland zerschlug alle ihre Hoffnungen und Pläne. Bald wurde ihr die Berufsausübung untersagt und da sie als Jüdin kein Existenzmöglichkeit mehr hatte ging sie mit ihrer Mutter nach England. Versuche dort in ihrem Beruf unterzukommen, schlugen fehl von Anfang an. Es würde zu weit führen hier zu begründen weshalb Ausländer als

Architekten in England zu keiner selbständigen Tätigkeit kommen können, die allgemein festgestellte Tatsache mag genügen, dass fast keiner der Emigranten-Architekten in England Fuss fassen konnte und alle weiter nach den Vereinigten Staaten oder anderwärts wandern mussten. Fräulein Sander hatte nur geringe Mittel zur Verfügung und ihre alte Mutter war auf sie angewiesen, sie konnte sie nicht verlassen. Zunächst versuchte sie mit Inseraten in Tagesblättern deutsche Emigrantenfamilien zur Kundschaft zu bekommen, dies misslang es war aussichtslos und nur ein Verzweiflungsschritt. Ich hatte, da ich mehrmals in England war, Gelegenheit das Bemühen von Fräulein Sander zu Arbeit zu kommen, zu beobachten. Ich wurde als Spezialist in Industrie Belangen nach England fallweise gerufen, als dort selbständig arbeitender Architekt würde ich mich ebenso wenig durchgesetzt haben als Fräulein Sander. Ich kenne die Verhältnisse in England sehr gut, ich war schon vor dem 1. Weltkrieg drüben tätig und knapp bis zum Ausbruch des 2., jeder England-Kenner wird bestätigen können, dass die berufliche Lage von Fräulein Sander hoffnungslos war. Eine Anstellung anzunehmen war ihr verboten, sie durfte nur ‚free-lance' arbeiten d.h. selbständig und das war so gut wie unmöglich. Dass die Innen-Architektin Bertha Sander zuvor gut verwendbar war und in Deutschland eine schöne berufliche Entwicklung vor sich hatte, geht aus ihrem dokumentarisch belegten Werdegang wohl eindeutig hervor. Für mich, der ich die Familie Sander seit Jahrzehnten kenne und der ich die berufliche Entwicklung von Bertha Sander durch die ganze Zeit beobachten konnte, steht fest, dass ihr weiteres Fortkommen durch die Aenderungen ab 1933 in Deutschland unmöglich gemacht worden war, damit aber war ihre berufliche Existenz zerstört.- (Stempel und Unterschrift Philipp Häusler)"

Das traurige Resümee

Rund dreißig Jahre später, 1986, schildert Bertha dem Kurator des Victoria & Albert Museums, der ihre vermeintliche Zeichnung ausgestellt hat, ihr Schicksal: „*In 1936 I had to flee Germany. I was the most gifted young Interior Designer in Germany. When I had to flee I was only able to take some work with me. I came to England in January 1936 and got only a permit to work free lance. I was not known here and had no money to start a Studio, my invalid mother came with me. I had to look after her until 1958. And the war came in 1939 and I had to do warwork.*"

In einem Fall widersprechen die Tatsachen dieser Darstellung: die umfangreichen Bestände von Berthas Arbeiten in Archiven und im Nachlass.

Alte Geschichten von Clara Sander

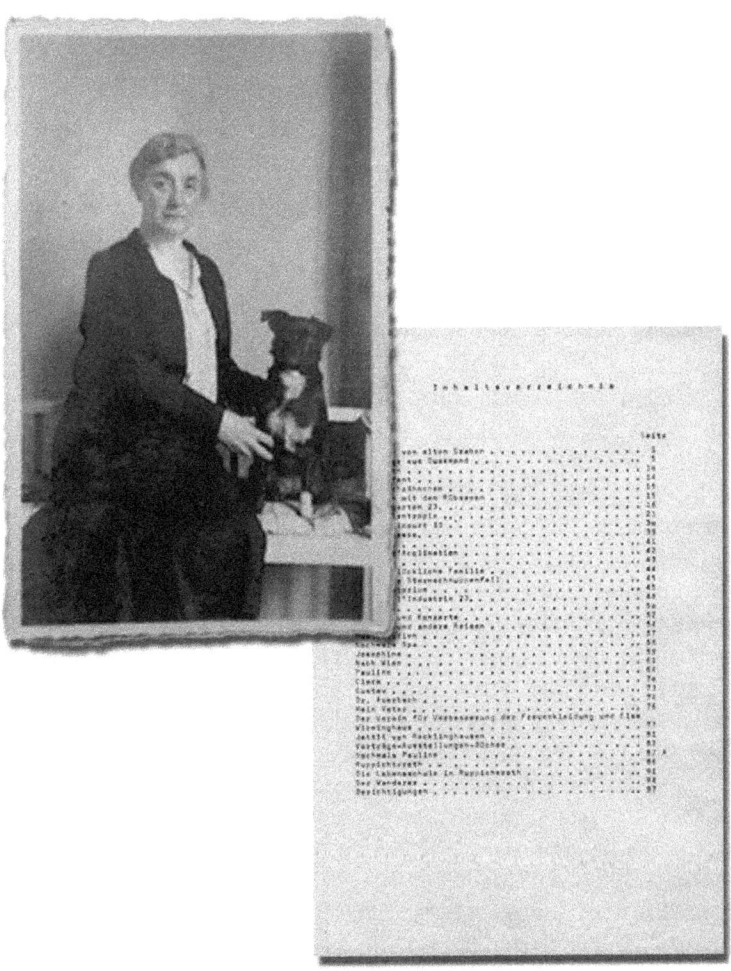

Die Mutter Clara Sander und ihre Memoiren.

1953 beginnt Clara Sander ihre Lebenserinnerungen aufzuschreiben, die sie „Alte Geschichten" nennt. Sie ist 83 Jahre alt und sitzt „...*sehr zufrieden in unserer Wohnküche, wo meine Tochter Bertha alles in Haus und Garten und auch für mich tut und wo sie das Essen vom Herd aus anrichtet...*".

Wann sie die Niederschrift mit einem entschiedenen „FINIS" beendet hat, ist nicht bekannt.

Die Eltern und Schwester Pauline

Berthas Mutter Clara schreibt viel über ihre Eltern und ihre Schwester. Vater Gabriel Loeser, Berthas Großvater, kommt von der Mosel, wandert nach Paris aus, arbeitet in Oran in Algerien für eine Firma aus Saarlouis. Dort gründet er mit seiner aus Koblenz stammenden Frau Bertha (geborene Mayer) eine Familie, das erste Kind, Pauline, wird geboren. Die kleine Familie zieht 1869 nach Marseille, wo der Vater Bankdirektor wird. Bald muss sie wegen des deutsch-französischen Krieges über die Schweiz nach Frankfurt am Main fliehen. Da ist Bertha Loeser schon mit Clara schwanger, die 1871 zur Welt kommt. 1882 zieht die Familie nach Lüttich, der Vater wird dort Direktor einer Zinkhütte. Er baut ein Wohnhaus in Lüttich und einen Landsitz im Kurort Spa und stirbt 1902 unerwartet. Die Familie ist wohlhabend, gebildet und weltgewandt. Clara langweilt sich und ist unzufrieden mit der untätigen Situation als Tochter aus gutem Hause (siehe späteres Zitat). Das treibt sie in die erste Verlobung mit ihrem seit Kindertagen vertrauten Vetter Gustav, den sie schließlich fünf Jahre später heiratet. Sie beschreibt ausführlich das so andere Leben ihrer älteren Schwester Pauline, die gesellschaftliche Auftritte liebt, in Brüssel ein großes Haus führt und als Witwe das elegante „Castel Lina", ein kleines Schloss nahe Monte Carlo kauft. Diese Belle Epoque-Villa wurde 1882 für Monsieur Séguy, den Herausgeber der Tageszeitung „Le Figaro", gebaut. Nach der Weltwirtschaftskrise muss Paulines Anwesen 1932 samt Möblierung versteigert werden. Der Auktionskatalog in Berthas Nachlass weist 222 Positionen aus, von Gemälden der flämischen Schule über Louis XV.-Mobiliar bis zur silbernen Austerngabel. Heute gehört die Villa, inzwischen in Wohnungen aufgeteilt, zum französischen Kulturerbe und zu einem Rundgang entlang der Belle-Epoque-Zeugnisse des südfranzösischen Küstenortes.

Die Suche nach Betätigung

Zurück zu Claras Leben und ihren so anderen Idealen. Auch mit eigener Familie und drei kleinen Kindern sucht Clara weiter nach Lebensinhalt und Betätigung. Sie findet sie in der „Antiwespentaillen-Bewegung" und tritt in den Verein für Verbesserung der Frauenkleidung ein. Zusammen mit Else Wirminghaus propagiert sie ab 1903 die neue Reformkleidung für Frauen und Kinder. 1904 sammeln sie durch einen Auftritt der Tänzerin Isadora Duncan so viel Geld, dass 1905 die erste Nummer ihrer neugegründeten Zeitschrift erscheinen kann, ihre Schriftleiterin wird Clara. Berthas Mutter entdeckt das Schreiben als ihr Metier. In ihren Lebenserinnerungen finden sich ausführliche Kapitel über ihre Arbeit, über Else Wirminghaus, über Dr. Auerbach und über das schöne Sanatorium von Dr. Herzfeld in Ruppichteroth. Dort entdeckt sie auch die „Lebensschule". Diese eigenwillige „Erziehungsanstalt" wird nach Mitte der 1920er Jahre ihr Betätigungsfeld. Sohn Otto und ihre Mutter sind 1924 beziehungsweise 1926 gestorben, Bertha kurt in der Schweiz, Ehemann Gustav sowie Tochter Gabriele und ihr frisch Angetrauter werden in Köln von der Haushälterin versorgt. Clara schreibt „Ich verfiel in Trübsal und suchte mir eine Arbeit." Sie bezieht in Ruppichteroth ein „Poeten-Stübchen" auf dem Speicher. An der Lebensschule, einer privaten Einrichtung mit internen und externen Schülern, gibt sie Klavierunterricht, lehrt ein wenig Englisch und Französisch. Die Arbeit wird 1928/29 beendet, als Claras Ehemann gestorben ist und Bertha nach den Schweizer Sanatorien noch Erholung im mediterranen Klima empfohlen wird. Mutter und Tochter reisen an die Côte d'Azur, wo Schwester Pauline ihr elegantes Gesellschaftsleben führt. Clara mietet eine möblierte Wohnung in Beausoleil und versorgt die „pflegebedürftige" (so Clara) Bertha zusammen mit einer Haushaltshilfe.

Ihre drei Kinder

Auf den 96 Seiten von Clara Sanders Erinnerungen ist nicht oft von ihren Kindern die Rede. Gabriele, die Älteste, findet kurz als Klavierbegabung Erwähnung, dann als sie 1927 heiratet und anschließend mit ihrem Ehemann im Kölner Elternhaus wohnt. Von Sohn Otto wird erzählt, als er für den von seiner Mutter geschriebenen Aufsatz in der Obertertia (5. Klasse Gymnasium) nur ein „Ausreichend" bekommt. Dann wieder dass er 1917 erkrankt und auch Clara selbst „vor Hunger und Kummer" ins Sanatorium muss. Sein früher Tod wird kurz vermerkt, ohne weitere Erklärung. Von Bertha, der Jüngsten, ist am meisten die Rede. Dass sie beim Wandern mit dem Vater immer die Letzte ist, dass sie sein Interesse für Botanik geerbt habe und das der Mutter für Innenraumgestaltung. Dass sie eine erfolgreiche Innenarchitektin wird, mehrmals erkrankt, sich in Schweizer Sanatorien aufhält und sich mit der Mutter in Südfrankreich erholt. Über die letzten Jahren in London schreibt sie: *„[Meine Tochter Bertha] hat die Gärtnerei erlernt und in unserem kleinen Vorortgarten hier in London blüht es vom Vorfrühling an bis in den Winter hinein, daß es eine wahre Freude ist. Das Klima ist ja mild und es gibt sogar Winterblumen, wie z. B. den Winterjasmin, der an der Front unseres Hauses hinaufklettert."*

Die beiden Frauen, Mutter und Tochter, verbringen die meiste Zeit ihrer beider Leben miteinander, mehr als fünf Jahrzehnte. Als Clara 1958 stirbt, ist sie seit dreißig Jahren Witwe. Bertha ist da siebenundfünfzig, hat nie geheiratet, fast nie allein gelebt.

Die Ehe mit Gustav

Über die Ehe philosophiert Clara in ihren Erinnerungen erst ganz allgemein: *„Glückliche Ehen sind aber nichts anderes als Ehen, in denen jeder auf seine Art zufrieden ist. Keiner kann einem anderen Glück geben, jeder muss es sich selbst finden."*

Zu ihren Gefühlen gegenüber ihrem späteren Mann Gustav seien hier folgende Passagen zitiert:

„Während unseres Aufenthaltes starb das Pferd, nun stand die Kutsche vereinsamt da. Da spannte sich Gustav davor, Pauline setzte sich in den Wagen, ich kletterte mit der Peitsche auf den Bock und wir fuhren ab. Nicht sehr weit, und nicht sehr schnell, aber immerhin, es war eine Spazierfahrt. Hinter dem Haus war ein terrassenförmiger Weinberg mit Muskatellertrauben. Nie mehr habe ich so gute Trauben gegessen. Hoch oben über den Terrassen war ein kleines Gartenhaus mit einem Taubenschlag. Etwa sechzig Stufen führten hinauf. Gustav mußte mich auf den Rücken nehmen und hinauftragen, so oft ich es verlangte. Ich war groß für meine dreizehneinhalb Jahre und Gustav sagte mit später, ich sei sehr schwer gewesen und er sei immer außer Atem gekommen. Aber er war sehr gern bei uns..."

„Durch das tägliche Zusammensein hatten Pauline und ich uns mit unserem Vetter Gustav sehr angefreundet. Er erzählte mir später, daß er sich in uns beide verliebt hätte und schon damals entschlossen gewesen sei, eine von uns zu heiraten; er wußte nur noch nicht welche. [...] Ich liebte ihn ganz bestimmt von jener Zeit an, was mich nicht hinderte, ein paar Jahre später Paul Michel zu lieben, dann meinen Klavierlehrer und zuletzt einen Geiger, mit dem mich die Musik zusammenführte. Mit Gustav verlobte ich mich mit 21 Jahren, entlobte mich wieder und heiratete ihn kurz vor meinem 26. Geburtstag. Jedesmal war ich der treibende Teil gewesen, denn Gustav hatte Angst vor der Ehe und ich hatte immer behauptet, ich hätte ihn zum Altar geschleppt."

„Mit Vetter Gustav waren wir immer in Berührung geblieben. Er schrieb öfters und es waren unterhaltende Briefe. Wir freuten uns alle, wenn ein Brief von ihm kam. Schon die bestimmte und regelmässige Schrift war angenehm anzusehen. Pauline war diejenige, welche die Korrespondenz unterhielt. Sie war ja jetzt fast erwachsen, hatte viel gelesen und viel gelernt und konnte dem gelehrten Vetter auf vieles antworten, was ich gar nicht verstand. Auch wenn Gustav uns während der Gerichtsferien besuchte, war sie es, die sich meistens mit ihm unterhielt. Ich hörte nur zu und bewunderte. Aber Gustav war immer lieb zu mir und sprach mir oft schöne deutsche Gedichte vor. Die schelmisch sarkastische Art Heinrich Heines gefiel ihm und auch mir."

„Wie gerne hätte ich Klavierstunden gegeben, aber damals waren noch alle jene Klassenvorurteile und selbst unentgeltlichen Unterricht zu geben, verbot mir die Überzeugung, daß ich als wohlhabendes Mädchen keinem armen Klavierlehrer das Brot wegnehmen dürfte. So schlug ich die Zeit tot und war mit mir selbst und der Welt unzufrieden. Wieviel Gutes hätte ich in dieser Zeit tun können, wenn ich nur gewußt hätte, wie? Sociale Arbeit war Sache der Mütter. Die wohlbehüteten Tochter durften sich nur im Hause bewegen. Und betätigen. Um aus diesem engen Kreis herauszukommen, verlobte ich mich mit 21 Jahren mit Vetter Gustav, der seit meiner Kindheit mein liebster und vertrautester Freund war und der all meine Herzensangelegenheiten kannte. [...] Auch unsere Verlobung war nicht von Dauer. Wir waren beide noch nicht reif genug für eine Ehe, machten die Sache rückgängig und blieben gute Freunde."

„*Am 14. Januar 1897 heiratete ich den Freund meiner Kindheit und den Freund meines Lebens, Rechtsanwalt Gustav Sander in Köln. Die Hochzeit in Lüttich im elterlichen Hause war genau wie Paulines Hochzeit 5 Jahre vorher. So genau, daß ich sogar das kostbare weiße Atlaskleid von Pauline trug. Es hing noch bei uns im Schrank. Als Ersatz für die Ersparnis schenkte Mama mir eine echte Brüsseler Nadelspitze, die das Kleid noch eleganter machte.*"

„*Im Spätsommer 1928 fuhr mein Mann nach Reichenhall, wo er die Kur gebrauchte und in der schönen Gegend Fußtouren machen wollte. Nach einem verregneten Sommer hatten wir einen schönen, wundervollen Herbst und mein Mann, der zum erstenmal diese Gegend durchwanderte, schrieb sehr beglückt. Und dort, inmitten der schönen Natur, die er so liebte, traf ihn sein Geschick. Auf einer Wanderung holte er sich eine kleine Verletzung mit nachfolgender Blutvergiftung und starb nach kurzer Erkrankung, kurz vor seinem 65. Geburtstag. Ich habe ihn nicht mehr lebend angetroffen. Sein Arzt sagte mir, er hätte dem Tod tapfer entgegen gesehen und seine letzen Wort waren: ‚Ich habe mit dem Leben abgeschloßen.' So endete seine letzte Wanderung. Kurz nach seinem Tod mußte ich seinen Freund Bankier Simon besuchen. Gustav hatte keine Reichtümer hinterlaßen. Herr Simon, der ihn sehr geschätzt hatte, sagte zu mir: ‚Das Beste, was ein Mann hinterlaßen kann, ist ein guter Name.' — Mein Mann ist nie ein Streber gewesen. Seine Kollegen beim Gericht schätzten ihn wegen seines großen Wissens und seiner Bescheidenheit. Er war ihnen Kollege, aber kein Konkurrent. Er sagte mir einmal, meine Kollegen konsultieren mich öfter als meine Klienten. Als Ältester von 7 Geschwistern hatte er alle Sorgen der Familie mitgetragen und, seiner Veranlagung gemäß, hatte er das Leben schwer genommen. Er hatte einmal den Wunsch gehabt, Geschichte zu studieren, mußte aber als Broterwerb Jura ergreifen. Ich habe eine sorgenfreie Jugend gehabt und hatte einen heiteren Sinn. So zog mich der ernste junge Mann an. Er jedoch liebte meinen Frohsinn und dachte, wie er einst sagte, er würde an meiner Seite das Leben leichter nehmen können. Aber es kam anders. Die Verschiedenheit unserer Temperamente brachte manche Meinungsverschiedenheit mit sich. Trotzdem war es eine gute Ehe. Jeder hatte seine Liebhabereien, an denen der andere ihn nicht hinderte. Ich hatte meine Musik und meine Frauenvereine, er hatte seine Bücher und seine Wanderungen.*
FINIS"

Der Weg der alten Geschichten

Bertha hat später die Memoiren ihrer Mutter großzügig verteilt. Die Leo Baeck Institute in London und New York, Dokumentations- und Forschungsstätten für jüdische Geschichte und Kultur, bedanken sich 1959 für Exemplare bzw. ein Manuskript. Ein in Leinen gebundenes Exemplar mit auf der Schreibmaschine geschriebenen Seiten findet sich 1991 auf dem Dachboden des Altersheimes Justins, wo Bertha 1990 starb. Innen klebt ein Zettel: *„L.B! Dies ist das Exemplar, das ich auf der Schreibmaschine im Laufe des vorigen Jahres abgeschrieben habe. Gruß Erich."* Es ist Berthas alter Kölner Freund Dr. Erich Meyer-Bachem. Von einem anderen Exemplar, das Bertha ihrer Freundin Elisabeth (Li) Thünker 1975 in London widmete, ist nur eine fotokopierte Version erhalten. Icki Haag, die Heidelberger Freundin von Thünker und von Bertha hat dort handschriftlich vermerkt „Von Dr. Hans Thünker an Frau I. Haag, 1980" und die hat es um 1991 an mich, die damalige Bertha-Interessierte (und heute Bertha-Autorin), weitergegeben.

Eindeutige Kondolenzen

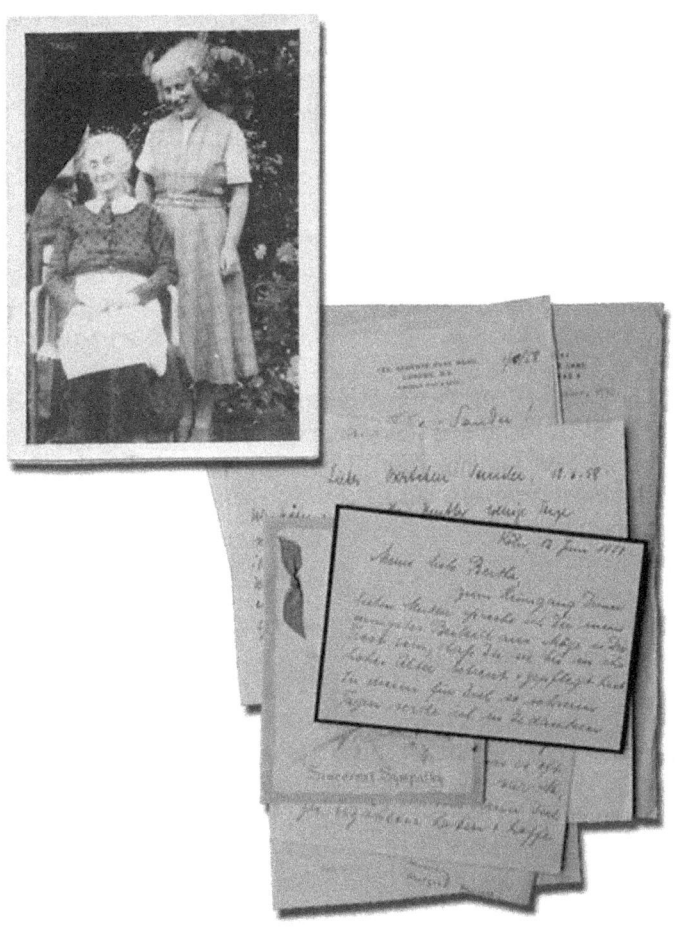

Mutter und Tochter 1951 und Kondolenzbriefe an „Bertchen".

Die beiden Frauen, Mutter und Tochter, verbringen die meiste Zeit im Leben miteinander, mehr als fünf Jahrzehnte. Bertha hat fast immer im Elternhaus gelebt. Nur rund vier Jahre war dies nicht der Fall: Als sie 1923 insgesamt zwölf Monate in Berlin und Wien arbeitet und von 1927 bis 1929, als sie ihre Tuberkulose-Erkrankung in Schweizer Sanatorien auskuriert. Nach ihrer Emigration leben Clara und Bertha zweiundzwanzig Jahre zusammen in London, wobei es möglich ist, dass Bertha am Anfang eine eigene Bleibe besaß. Zumindest die fast zwanzig Jahre vom Kriegsbeginn bis zu Claras Tod waren beide eng zusammen und aufeinander angewiesen. Im Lebenslauf, den Bertha wahrscheinlich für den Wiedergutmachungsantrag schreibt, steht: *„Der zunehmend schlechter werdende Zustand meiner schwer kranken Mutter zwang mich, als mit Ausbruch des Krieges ich als ‚feindliche Ausländerin' keinerlei Arbeit annehmen durfte, Hypotheken auf das kleine Häuschen aufzunehmen, das wir nach unserer Emigration in London erwarben und in dem wir leben. Die Lasten dieser Hypotheken zwangen uns in der Folge unsere letzten Wertgegenstände zu veräussern."*

In Clara Sanders Lebenserinnerungen, die sie 1953 begann, steht über diese Zeit kaum etwas, die Mutter durchlebt beim Schreiben nochmals ihre Vergangenheit. Von der damaligen Gegenwart erwähnt sie nur die gärtnerischen Fähigkeiten ihrer Tochter und deren Haushaltsführung. Auch Nelly Wolffheim bemerkt später in ihrem Nachruf: *„Nur das Einst bildete den Inhalt ihrer Gedankengänge."*

Ein publizierter Nachruf

Am 1. Dezember 1958 schreibt Nelly Wolffheim an Bertha. Sie kondoliert, bedankt sich für Berthas Blumengruss und schreibt, dass sie auch ohne „Rücksendungskouvert" Berthas Brief beantwortet hätte. Offenbar hatte die ein Anliegen. Die alte Dame teilt mit, dass sie für das Mitteilungsblatt „AJR, Association of Jewish Refugees" in London, einen kleinen Nachruf geschrieben habe. Der wird im Januar 1959 veröffentlicht. Darin hebt sie Clara Sanders Pionierarbeit auf dem Gebiet der Reformkleidung hervor, beschreibt die besondere Atmosphäre, die sie in späten Jahren umgibt. Nelly Wolffheim, damals knapp 80 Jahre alt, ist eine renommierte Pädagogin und Gründerin des ersten psychoanalytischen Kindergartens in Deutschland. Auch sie ist nach London emigriert und beschäftigt sich mit der Lage der traumatisierten Kinder aus Konzentrationslagern, die damals in der Hampstead Clinic unter Leitung von Anna Freud betreut werden. Ihr Nachruf auf Clara Sander in AJR:

„CLARA SANDER
Als ich kürzlich in dieser Zeitschrift die Todesanzeige von Frau Clara Sander (geb. Loeser) las, wurden in mir Erinnerungen an die vor einigen Jahren in ihrem Hause verbrachten Stunden wach. Die besondere Atmosphare, die sie umgab, beeindruckte mich stets, wenn ich ihr grosses Wohnzimmer betrat, diesen Raum, in dem die Kultur einer versunkenen Epoche erhalten war. Dieser Eindruck wurde dadurch verstarkt, dass ich Frau Sander meist an ihrem kleinen Schreibtisch sitzend antraf, wo sie sich mit der Niederschrift ihrer Memoiren beschaftigte. Was hat diese so bescheiden auftretende und nach aussen hin nicht bedeutend wirkende Frau wohl erlebt, was geleistet, das sie einer Aufzeichnung für wert hielt? Erst nach und nach loste sie sich im Erzahlen, und mehr und mehr gab sie mir einen Einblick in den Ideenkreis, den sie einst vertreten hatte, und dabei trat das Wesen ihrer geistigen Personlichkeit hervor. Nun wurde mir auch klar, wer sie eigentlich war. Sie vertrat in Deutschland am Anfang des Jahrhunderts die Bestrebungen für die Reform der Frauenmode, nicht nur im Sinne einer gesundheitlichen Verbesserung, sondern in Verbindung mit damals neuzeitlichen Gedanken über das Wesen und die Lebensweise der Frauen im Sinne der Frauenbewegung. Frau Sander war Mitherausgeberin einer Zeitschrift ‚Die Neue Frauenkleidung und Frauenkultur‘, die die Reformgedanken weiten Kreisen zuganglich maehte, Für mich war die Mitteilung von Frau Sander von besonderem Interesse, da ich einst nicht nur zu den Anhangerinnen dieser Richtung gehorte, sondern auch eine eifrige Leserin der Zeitschrift war. Auch viele von den Personlichkeiten, die sie aus ihrem Arbeitskreis erwahnte, trugen mir gelaufige Namen aus meiner frühen Jugend. Mit Ruecksicht auf ihr hohes Alter und ihr durch ihren Gesundheitszustand bedingtes zurueckgezogenes Leben war es nur allzu verstaendlich, dass sie in ihren Gespraechen die Probleme der heutigen Zeit kaum beruehrte; nur das Einst bildete den Inhalt ihrer Gedankengaenge. NELLY WOLFFHEIM"

Dies ist der originale Text aus dem Londoner Mitteilungsblatt, in dem man versuchte, der deutschen Schreibweise, beispielsweise bei Umlauten, nahezukommen.

Zuneigung, Treue und Feindseligkeit

Im Stapel von Kondolenzbriefen auf Deutsch, Französisch und Englisch, den Bertha aufbewahrt hat, stecken einige Briefe, die mehr oder weniger deutlich das schwierige Verhältnis der beiden Frauen in den letzten Lebensjahren von Clara Sander ansprechen. Der folgende Brief beschreibt beide Positionen:

„10. 6. 58,
Liebes Bertchen Sander,
Ich höre, dass Ihre Mutter wenige Tage nach meinem Besuch von Ihnen gegangen ist. Ich weiss wohl, wie sehr die Beziehung aus Zuneigung, Treue und Feindseligkeit gemischt war, wie immer im Leben. Sie haben lange Jahre für die Mutter gesorgt und ihr ein Heim geschafft. Wie oft hätte man gewünscht, dass Ihre so kluge Mutter grössere Wärme besässen hätte. Es war ihr nicht gegeben und das hat Ihnen oft Enttäuschung gebracht. Trotzdem gaben Sie Ihre Obsorge und Zuneigung und das wusste Ihre Mutter auch in den dunkeln Jahren, in denen Krankheit, Hinfälligkeit ihr Freude am Leben nahmen. Ich hoffe sehr, dass Sie ein neues Leben aufbauen können.
Mit aufrichtiger Anteilnahme auch für meine Frau,
Ihr M."

Ein anderer konstatiert: *„In diesem Falle war es wohl eine Erlösung für Sie beide, da Ihre Mutter doch schon so lange sehr krank war und es keine Hoffnung gab. Sie haben wohl die letzten Monate viel mit ihr durchmachen müssen."*

Bertha steht ganz alleine mit ihrer Mutter da bis diese 1958 im Alter von 87 Jahren stirbt. In den letzten Jahren zieht sie Pflegepersonal hinzu, wie umfangreiche Day and Night Reports belegen.

Wie Clara Sanders Memoiren die ältere Tochter Gabriele nach deren Eheschließung 1927 nie mehr erwähnen, so gibt es auch in London offenbar keinen Kontakt mehr zu ihr. Gabriele ist mit ihrem Mann ebenfalls dorthin emigriert. Er soll zeitweise als Butler gearbeitet haben. Als Gabriele 1969 im Alter von 71 Jahren stirbt, ist als Kondolenzadresse ein unbekannter männlicher Name im benachbarten London N.W. 8 angegeben. Bertha hat Icki Haag erzählt, dass Gabriele sich weigerte, die Mutter zu pflegen. Dies bestätigt ein Kondolenzbrief: *„Leider hast Du ja nie Stütze an Deiner*

Schwester gehabt, sie hat Dir wahrlich nicht geholfen tragen, wenn es oft zu schwer für Dich war."

Wenn man das letzte Foto von Mutter und Tochter genau in Augenschein nimmt, fällt etwas auf. Das dazugehörige Negativ ist mit viel Klebestreifen repariert. Hier ist links hinter der Mutter eine Person entfernt worden. Eine Schnittlinie ist zu erkennen, ein Stück weibliche Taille kann noch erahnt werden. Da es ein gestelltes Foto ist und kein Schnappschuss, wollten sich drei gemeinsam präsentieren. Ist hier etwa Berthas ältere Schwester Gabriele nachträglich herausgeschnitten worden?

„I do hope you will find joy in your garden, your little log, your car & your friends." So und so ähnlich wünschen es Bertha viele Freunde, Verwandte und Nachbarn in ihren Kondolenzbriefen. Jetzt, als 57-Jährige, ist sie frei und unabhängig, lebt erstmals auf Dauer alleine und kann sich ihr Leben selbst einrichten.

Kölsche Frau mit Hund

Bertha 1959, einer ihrer Pekinesen und ihre Hundedokumente.

Hampstead Garden Suburb, ein Vorort im Norden von London mit kleinen Backsteinhäusern und Gärten. Hier, angrenzend an das elegante Hampstead wohnen viele Emigranten, meist jüdischer Herkunft. Es gibt einen großen jüdischen Friedhof. Es ist Anfang der 1960er Jahre. Zwei Herren, Vater und Sohn, machen ihren Abendspaziergang, „ums Quadrat". Der Sohn, Dr. Rudolf Hahn, ist 1951 als Mittdreißiger nach London gezogen. Als erster festangestellter Korrespondent nach dem Zweiten Weltkrieg arbeitet er hier für das „Handelsblatt", die wichtige deutsche Wirtschafts- und Finanzzeitung. Der Vater, Bruno Hahn, macht seinen jährlichen Besuch. Eine nicht mehr junge Frau führt gerade ihren kleinen Hund aus. Einer der beiden Männer bemerkt zum anderen: „Das ist aber ein netter Hund." Die Hundebesitzerin dreht sich auf dem Absatz um und sagt pikiert in reinstem Kölsch: „Dat es och ene nette Hungk!!" Sie - Bertha Sander - ist passionierte Hundefreundin und liebt ihren derzeitigen, den Pekinesen Oo Long, über alles. Mit ihm wohnt sie in einem der beschaulichen Gartenstadthäuser. Ihre betagte Mutter, die sie lange gepflegt hat, ist im Sommer 1958 gestorben. Später findet sich in Berthas Nachlass die Kremationsurkunde ihres vierbeinigen Lieblings vom Januar 1965, den sie auf einem Foto „Oo Long Sander" nennt. Daneben liegt der Stammbaum von „Beauty", seiner sandfarbenen Nachfolgerin. Die Todesanzeige der Mutter fehlt in Berthas Nachlass.

Zurück zum abendlichen Spaziergang: Die beiden Herren und die Hundebesitzerin, alle drei Deutsche, kommen ins Gespräch. Man trifft sich bei Spaziergängen in der Wohngegend mit ihren gepflegten Vorgärten und heckengerahmten Gartentoren wieder. Langsam lernt man sich kennen. Da Bruno Hahn, der Vater, nur jährlich einmal zu Besuch kommt, hält Rudolf Hahn, genannt Rolf, der mit seiner Familie in Hampstead Garden Suburb lebt, den Kontakt zu Bertha Sander. Er wird bis 1990 bestehen, bis zu ihrem Tod.

Herr Doktor

Über die Jahre wird der 13 Jahre jüngere Rolf Hahn für Bertha zum hoch geschätzten Ratgeber, er ist ihr „Herr Doktor". Arbeitet er doch für die honorige deutsche Finanzzeitung und spielt im Londoner Presseclub eine wichtige Rolle. Zudem ist der Journalist gutaussehend und charmant - und er kümmert sich! Ob sich die angejahrte Junggesellin immer an seine Ratschläge hält, ist eine andere Sache. Da hat „Herr Doktor" später ab und an einiges für die eigensinnige Frau zu „retten". Ende der 1970er Jahre ruft Bertha ungewohnt kleinlaut an: *„Herr Doktor, ich glaube, ich habe 'ne große Dummheit gemacht..."* Ein Arzt hatte ihr zu dubiosen Konditionen ihr Haus abgeschwatzt. Rolf Hahn kennt einen Anwalt, der die windige Verkaufsvereinbarung rückgängig macht. Anfangs taucht Bertha wöchentlich am Abend bei Rolf Hahn auf, wie sich sein Sohn Hans später erinnert, der ihr die Tür öffnete und avisierte *„Bertha ist da!"*. Er ist sich sicher, dass es bei Berthas Besuchen nicht primär um Ratschläge und Hilfestellung bei finanziellen oder administrativen Dingen ging. Die nicht einfache ältere Frau sei wahrscheinlich nur einsam gewesen. Aber anstrengend und nervig sei sie auch gewesen. Sein Vater sei beileibe kein geduldiger Mensch gewesen, aber Juden gegenüber sei das ganz anders gewesen. Da habe er so etwas wie seine eigenen kleinen Wiedergutmachungsaktionen vollzogen. Denn als der promovierte Volkswirtschaftler nach seinem Kriegsdienst 1951 nach Großbritannien kam, sei er mehr als überrascht gewesen, mit welcher Offenheit und Unvoreingenommenheit ihm die ausländischen Kollegen, die Briten und die Emigranten, die vor dem Nazi-Regime geflüchtet waren, begegneten. So gehört Bertha zu den jüdischen Mitmenschen, um die sich Rolf Hahn teilweise lebenslang kümmert. In späteren Jahren besucht „Herr Doktor" die emigrierte Kölnerin regelmäßig jeden Samstag um 17 Uhr. Hat er bis Fünf nach Fünf nicht bei ihr geklingelt, erfolgt ein empörter Anruf: *„Herr Doktor, was ist??"* Dann muss er schon eine gute - sprich eindrucksvolle - Entschuldigung parat haben. Bertha ist streng.

Die Heidelberger Freundin

Rolf Hahn wiederum, wir sprechen jetzt von den 1970er und 1980er Jahren, hat eine langjährige Freundin in Heidelberg. Icki Franziska Haag, eine engagierte Dozentin für Sozialarbeit, besucht ihn regelmäßig in London. Hahn stellt ihr Anfang der 1970er Jahre die „Kölsche Frau mit Hund" vor. Bertha ist anfangs nicht so begeistert über Hahns weibliche Begleitung. Lieber hat sie „Herrn Doktor" und seine Aufmerksamkeit ganz für sich allein. Sie hat ja nicht viele Kontakte, mit den meisten Nachbarn steht sie „auf Kriegsfuß". Am besten geht es noch mit den alten Freunden und Bekannten aus Deutschland, mit denen sie korrespondiert und ihnen nebenbei ihre finanzielle Lage bescheidener schildert als sie ist. Die legen verstohlen einen Schein ins Kuvert und kommen vielleicht alle paar Jahre zu Besuch - wenn überhaupt. Bertha ist ja eine interessante Person und auf Distanz ist gut mit ihr umzugehen. Als 1991 mehrere ihrer Freunde zu einem Recherche-Interview über ihr Leben in Heidelberg zusammentreffen, verdichten sich deren einzelne Beobachtungen und Erfahrungen zu einem eindeutigen Profil. Es ist das traurige Bild einer alten und enttäuschten Frau, die missliche Umstände sammelt und notfalls übertreibt, um persönliche Aufmerksamkeit zu erhalten. Sie hatte ihre charmanten Seiten, sagen alle, aber oft war sie streitbar und mürrisch. Es war nicht einfach, mit ihr umzugehen und sie zu mögen. *„Berthas Lebensgeste war: anziehen und zurückstoßen."* bringt es eine Freundin auf den Punkt.

Icki Haag ist Bertha gegenüber gleichzeitig zurückhaltend und nachhaltig interessiert. Sie lässt sich von ihrer oftmals verschlossenen Attitüde und ihren Launen nicht abschrecken. Sie hat echtes Interesse am Menschen Bertha Sander, an ihren Begabungen, ihrem Schicksal. Das haben später, in den 1980er Jahren, nicht mehr viele. Bertha fühlt sich geschmeichelt. Sie öffnet sich der Heidelbergerin gegenüber, zwar nicht immer, aber ab und zu. Es tut der einstigen Innenarchitektin, die 1918 mit ihrer Berufswahl zu den progressiven jungen Frauen gehörte, einfach gut, dass sich wieder jemand ernsthaft für sie interessiert. Und dann noch so eine gebildete und selbstständige Frau wie Icki Haag, die ihr Leben charmant und couragiert alleine meistert. Die zudem als Tochter der Mosel Köln schätzt, dem rheinischen Naturell nahe ist und sich für Kunst und Kultur begeistert.

Nicht koscher

Zwei jüdische Relikte und Bertha.

Berthas Einstellung zum Judentum ist kurz und klar definiert. *„Mich interessiert diese jüdische Kultur nicht. Zuhause hatten wir immer nur Kontakt mit Christen."* sagt sie in den 1980er Jahren zu Icki Haag. Bei Berthas Eltern spielt die Religion offenbar keine Rolle. Ihr Großvater Gabriel war Vorsteher der jüdischen Gemeinde in Lüttich, ihre Eltern wurden 1897 in deren alter Synagoge getraut. In ihren Memoiren schreib Mutter Clara: *„Man hatte Papa kurz vorher gebeten, Vorsteher der jüdischen Gemeinde zu werden und, da er noch viel Anhänglichkeit an die Religion seiner Väter hatte und auch alte hebräische Gebete verstand, hielt er es für seine Pflicht, das Ehrenamt anzunehmen."*

Da Gabriel Loeser auch den Bau einer neuen Synagoge einleitete, wurde er dort auf einer entsprechenden Tafel als Gründer verewigt. Hier fand 1902 nach seinem Tod die Gedenkfeier statt.

Auch in London gehört Bertha nicht zur Jüdischen Gemeinde. Als Rolf Hahn ihr Mitte der 1980er Jahre ein jüdisches Altersheim vorschlägt, entgegnet sie ruppig: *„Ich bin doch keine Jüdin. Ich will doch nicht immer koscher essen."* Trotzdem gehört zu ihrem wöchentlichen Ritual, jeden Freitag mit Mr. Nelson, einem farbigen Mietchauffeur, ins „Gloriette" zu fahren. In diesem österreichischen Café-Restaurant sitzen immer Gruppen alter Juden zusammen und Bertha bestellt immer „Salad with prawns". Dann geht es weiter zum Reformhaus und zum Metzger, wo das vorbestellte Huhn bereit liegt.

In ihrem Nachlass befindet sich nur zweimal Jüdisches: zum einen zwei Teilausgaben von Mitteilungsblättern der „AJR, Association of Jewish Refugees" in London - aus einer ist der Nachruf von Nelly Wolffheim für Mutter Clara herausgeschnitten. Zum anderen ein Programm des benachbarten „Golders Green Crematorium" zur Weihe von Thora-Rollen im November 1959.

Patentsuche in London

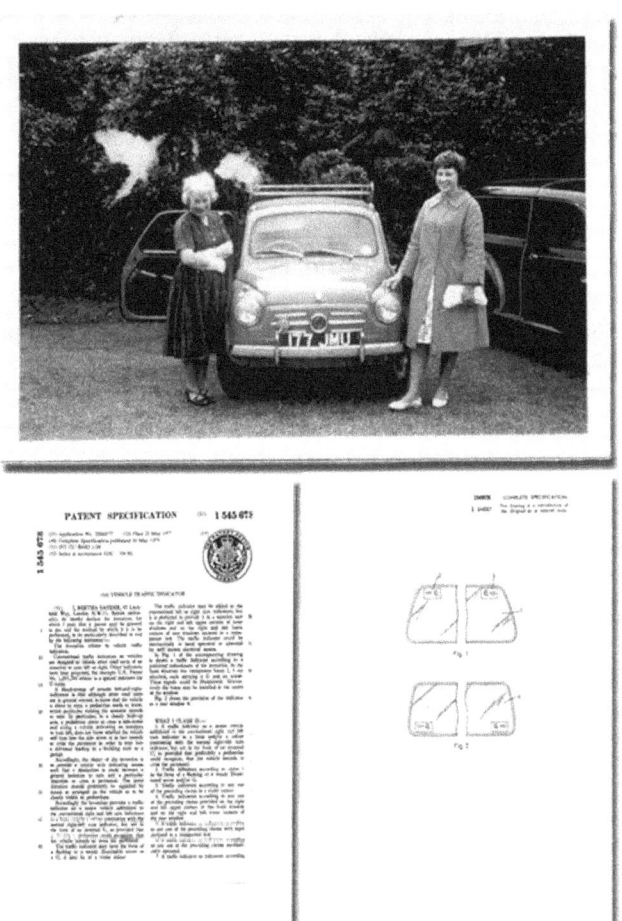

Bertha, ihr Auto und ihre Patenturkunde von 1979.

In London gilt es 1991, noch einer anderen Geschichte auf den Grund zu gehen. Nachbarin Haag berichtet von einem weiteren Lichtblick in Berthas späten Jahren. In den 1970/80er Jahren - da war die 1901 geborene Emigrantin ebenfalls in den Siebzigern/Achtzigern - habe sie einen speziellen Autowinker entworfen und diesen zum Patent angemeldet. Und dann, laut Erinnerung um 1983, sei das Patent angenommen worden, der neue Winker solle bald hergestellt werden. Bertha freut sich endlich wieder einmal und wirft sich in Positur: Sie hat an alte Berufserfolge angeknüpft - das tut ihr gut. Aber was ist dran an dieser Geschichte? Ein Winker für ein Automobil ist ein anderes Metier als Innenraumgestaltung, Möbel und Tapeten, als Türgriffe oder Buchillustrationen. Es ist Technik und technische Entwürfe sind aus ihrer Natur heraus immer schneller überholt als die für ein langfristig gleich funktionierendes Gut wie Möbel. Das kann man bei alten Fotografien gut sehen, die moderne Möbel oder Architektur zusammen mit gleichaltrigen technischen Geräten zeigen. Das Foto eines Autos vor der gerade fertiggestellten modernen Stuttgarter Villa des großen Architekten Le Corbusier (1927, Weissenhof-Siedlung) beweist es ebenso überzeugend wie die Aufnahme eines von Bertha Sander entworfenen Appartements mit Wandklappbett (1924/27). Beide Male wirken Architektur beziehungsweise Einrichtung heute noch modern, das Auto und der Telefonapparat aber erscheinen museumsreif.

Die Autoliebhaberin

Dass die Ex-Kölnerin gerne Auto fuhr, ist belegt. Schon 1913 bedankt sich die Zwölfjährige im Gästebuch der Sommervilla bei ihrer Großmutter für die Herbstferien, *„die durch das Automobil noch verschönert wurden."* Auch in den Fotoalben ihrer Kuraufenthalte in der Schweiz sind elegante Limousinen und Cabriolets zu bewundern. Später im Exil haben sich die Maßstäbe zwar verändert, doch trotz finanzieller Einschränkungen besitzt Bertha in London ein Auto. Stolz posiert sie 1962 neben einem Kleinwagen, wahrscheinlich einem Fiat 500 mit Faltdach. Auf der anderen Seite des Autos steht eine junge Frau - wie sie auf der Rückseite vermerkt hat - die Tochter einer Nachbarin, mit der sie seit Jahren nicht mehr spricht. Bertha tut sich nicht leicht im Umgang mit Menschen und vergrault viele, wenn nicht die meisten.

Patentsuche 1991 und 2013

Zurück zum fraglichen Patent für einen Autowinker, den sie in ihren späten Jahren entworfen haben will. Es ist nicht bekannt, dass sie vorher jemals etwas Automobiles entwickelt hat. In ihrem Nachlass in den Londoner „Archives of Art and Design" finden sich neben ihrem umfassenden Schaffen für die Inneneinrichtung lediglich Entwürfe für Mode, für Kostüme und Bühnenbilder, ein paar Buchillustrationen, einige eher private Menükarten. Entwürfe für Technisches außerhalb des häuslichen Bereiches existieren nicht. Zudem ist Bertha damals auch nicht mehr die Jüngste. Im Jahr 1980 ist Bertha beispielsweise neunundsiebzig Jahre alt. Da überrascht mich die negative Telefonnachricht auf meine Anfrage beim Britischen Patentamt in London auch gar nicht: *„telephoned 19-03-91 from British Patents Desk: regarding Bertha Sander attended to 10 year search + found NOTHING".* Also erledigt.

2013, als aus Bertha Sanders erweitertem Hutschachtelinhalt eine Ausstellung entsteht, kommt die alte Telefonnotiz nochmals auf den Tisch. Ist da vielleicht doch etwas dran? Icki Haag, die Nachbarin, war ja eine vertrauenswürdige Übermittlerin. Sie war seinerzeit auch sehr erstaunt über Berthas Erzählung vom Autowinker-Patent und hat garantiert nachgehakt. Offiziell Bestätigendes hat sie aber nie gesehen oder in die Hand bekommen. Die Chance, Berthas Leben möglichst umfassend und wahrheitsgemäß darzustellen, gibt es nur einmal: jetzt. Also geht im Januar 2013 eine E-Mail-Anfrage an das Londoner Patentamt, das jetzt „Intellectual Property Office - London Patent Information Centre" heißt. Innerhalb von zwei Arbeitstagen kommt die Antwort: *„Hello ..., Please find attached a copy of patent GB1545678 granted to Bertha Sander. I hope it is of some use to you. Kind regards, Maria."*

„Vehicle Traffic Indicator"

1977 also, im Alter von 76 Jahren, hat Bertha Sander, seit 1948 britische Staatsbürgerin, ein Patent für einen „Vehicle Traffic Indicator" beantragt. Am 10. Mai 1979 veröffentlicht das Britische Patentamt die Patentschrift unter der Nummer GB1545678. Damit hat sich Berthas stolze Nachricht an Icki Haag nach 34 Jahren bestätigt und Berthas kreativem Spektrum kann eine weitere Facette hinzugefügt werden. Die einst begeisterte Autofahrerin hat sich als jetzt betagte Verkehrsteilnehmerin ein ergänzendes Fahrtrichtungsanzeige-System für Autos ausgedacht. Dies gibt dem Fußgänger eine zusätzliche, präzise Information, welche Art von Abbiegen der Autofahrer beabsichtigt. Ob er auf der Fahrbahn bleiben will oder auf dem Weg in eine Einfahrt den Fußweg überqueren möchte. Bertha stellt sich ein violett beleuchtetes oder blinkendes „G" jeweils links und rechts an Front- und Heckscheibe vor. Das Londoner Patentamt befand ihre Idee für neuartig und schützenswert. Bis heute hat sich noch niemand für die Umsetzung stark gemacht, darin weder einen Sicherheitszuwachs für Fußgänger gesehen noch eine kommerzielle Chance gewittert. Ein erfahrener Patenanwalt, der die Patentschrift vor kurzem durchgesehen hat, hat festgestellt, dass hinter solchem Erfindergeist oft eine eigene negative Erfahrung steckt - meist aktiver Art. Wie auch immer: ein Kompliment für Bertha. Sie ist mit Sechsundsiebzig noch aufmerksam, erfinderisch und zielstrebig. Sie erkennt ein Problem, sucht eine Lösung, entwickelt die Form und treibt das Ganze bis zur Patenterteilung voran.

Malsachen

Anna Fassbender und Icki Franziska Haag vor
Berthas Kölner Fassbender-Bild.

„After my mother died I tried to paint but I was not so good at it than I was as Interior Designer." schreibt Bertha 1986 kurz und klar an einen Kurator vom Victoria & Albert Museum. Dorthin, respektive in dessen „Archives of Art and Design", gehen kurz danach ihre Ölbilder, von denen einzelne auf 1963 datiert sind. Sie werden, wie es den Anschein hat, mehr als Anhängsel ihres innenarchitektonischen Werkes archiviert. Auf den vielfarbigen Bildern tummeln sich junge Frauen und Männer vor floralem Hintergrund. Wie lange Berthas Malphase dauert, ist nicht bekannt. In dieser Zeit verfügt sie auf einem kleinen Zettel: *„Please send all my drawings and paintings handprinted material all painting utensils to Germany Prof. Jos. Fassbender, 5 Köln, Schnurgasse 74."*

Joseph Fassbender, der Kölner Malerfreund

Woher kennt Bertha den zwei Jahre jüngeren Maler und Grafiker? Wahrscheinlich aus dem Umfeld der Kölner Werkschulen, wo Bertha 1924/25 ein Jahr lang die Schülerklasse unterrichtet und sicher auch Bekannte hat. Der junge Fassbender muss bis 1925 erst einmal in der elterlichen Bäckerei arbeiten. Nebenher malt er und besucht Abendkurse - gegen den Willen der Eltern. Erst 1926 beginnt der hochbegabte junge Mann sein Studium der Malerei und Grafik bei Professor Richard Seewald. Seine Eltern unterstützen ihn nicht und so zahlt der Schulleiter der Kölner Werkschulen, der bekannte Architekt Richard Riemerschmid, die aufgelaufenen Schulgeldschulden aus eigener Tasche. Was eindeutig für das Talent des Bäckerssohnes spricht. Bertha lebt in umgekehrten Verhältnissen: Auch sie ist sehr begabt, wird aber von ihrer Mutter in allen Bereichen mehr als unterstützt - Geld steht immer zur Verfügung, Leistungsdruck gibt es vermutlich gratis dazu. Sie selbst hat nie studiert, lediglich bis 1917 die besagten Schülerkurse besucht - vielleicht wegen ihrer Tuberkulose-Erkrankung, die sich 1920 erstmals zeigt und von 1927 bis 1930 ihre bestens gestartete Karriere als freiberufliche Innenarchitektin unterbricht. Im Fassbender-Archiv findet sich ein Foto von einem Atelierfest, bei dem auch Bertha Sander dabei ist, so hat es jedenfalls seine Frau Anna vermerkt und auf 1930 datiert. Damals ist Bertha aus den Schweizer Sanatorien zurück und startet zum zweiten Mal ihre freiberufliche Tätigkeit. Sie dauert nur kurz und endet mit der Emigration im Januar 1936. Der Kölner Malerfreund wird 1929 mit dem Villa-Romana-Preis ausgezeichnet und muss in den 1930er Jahren seinen Lebensunterhalt mit Gebrauchsgrafik bestreiten.

Kontakt mit dem gefangenen Freund

Gegen Ende des Krieges gerät Fassbender in britische Gefangenschaft. 1945 versucht er von dort aus Kontakt zu seinem alten Dozenten Professor Seewald, der mittlerweile in der Schweiz wohnt, aufzunehmen und es gelingt ihm auch, über Kassiber die alte Freundin Bertha in London zu erreichen. Bertha besorgt ihm unter anderem Zigaretten. Sie schafft es auch, zusammen mit dem Professor und einem ehemaligen Kommilitonen, dem augenkranken Malerfreund Hafterleichterungen zu verschaffen. Der Inhaftierte kann etwas Berufsentsprechendes tun: Er darf eine Kapelle ausmalen und sogar 1945/46 die große Picasso- und Matisse-Ausstellung im Victoria & Albert Museum besuchen. Wegen der Erblindung seines rechten Auges wird Fassbender 1946 endlich entlassen und zieht nach Bornheim bei Bonn, wo seine Frau Anna jetzt wohnt.

Besuch in London

Bertha und das Ehepaar Fassbender bleiben in Kontakt. Die Kölner kondolieren 1958 zum Tod zum Clara Sander: Schade, sie hatten gerade einen London-Besuch geplant. Im Januar 1974 stirbt Joseph. Bertha geht der Tod ihres alten Kölner Freundes nahe, er ist zwei Jahre jünger als sie. Sie hebt Zeitungsausschnitte mit der Todesanzeige und einigen Nachrufen auf - die hat sie aus Köln geschickt bekommen - und dazu den Dankesbrief der Witwe Anna für Berthas Beileids- und Blumengruß. Elf Jahre später, 1985, reist Anna Fassbender mit ihrer Großnichte Barbara Piert-Borgers nach London, die mit ihrem Mann Nachlass und Archiv von Joseph Fassbender verwaltet. Sie besuchen Bertha in ihrem Haus in Hampstead Garden Suburb. Die hat sich stilvoll vorbereitet: Ein Taxifahrer in grauer Livree empfängt die beiden Damen aus Köln am Zug und chauffiert sie in die Litchfield Way Nummer 43. Barbara Piert-Borgers berichtet später, wie betroffen sie die Eindrücke vom Leben der Emigrantin machten. Berthas Londoner Häuschen erschien ihr so klein im Vergleich zum Kölner Status der Familie. Diese begabte und erfolgreiche Frau musste nur wegen ihrer jüdischen Herkunft ihre Heimat verlassen und ihre Karriere aufgeben.

Berthas Kölner Bild

In Sanders Backsteinhäuschen hängt auch ein frühes Fassbender-Gemälde von 1934. Es zeigt eine Kölner Altstadtszene mit der 1938 zerstörten Synagoge. Es ist eines der wenigen frühen Bilder des Malers, die heute noch existieren. Wie ist es zu ihr gekommen? Es könnte ein Geschenk sein, da man befreundet war oder war es ein Tauschgeschäft unter Kreativen? In der politisch unsicheren Situation nach 1934 wird wahrscheinlich eher kein Kauf, keine größere Geldausgabe, stattgefunden haben. Berthas Kölner Besucherinnen sind begeistert, die jüngere sieht das Bild erstmals. Als 1988 der Kölner Kunstverein eine große Fassbender-Ausstellung plant, zu der auch ein Werkverzeichnis erstellt wird, schreiben Anna Fassbender und ihre Großnichte einen Brief an Bertha, die inzwischen nach Justins in ihren Alterswohnsitz gezogen ist. Sie bitten um ein Foto und die Maße des Ölgemäldes. Anschließend stellt Bertha das Bild für die Ausstellung leihweise zur Verfügung. Ein Leihvertrag wird abgeschlossen, der Kunsttransport bestellt. Irgendwann wird einmal darüber gesprochen, ob Bertha es Anna nicht später verkaufen wolle, da es ja so ein rares frühes Werk des Malers ist. Das Gemälde wird zur Ausstellung in Köln angeliefert und unabhängig von eventuellen Kauf- beziehungsweise Verkaufsabsichten erst einmal restauriert. Direkt nach der Ausstellungseröffnung geht ein Foto von Anna Fassbender und Icki Haag vor dem Bild per Post nach Justins: zwei Bertha sehr vertraute Frauen und ihr geliebtes Bild. Als dieses selbst nach der Ausstellung nicht sofort wieder nach Justins zurückkommt, wird Bertha böse. Sie beschwert sich beim Kölner Kunstverein, bei der Maler-Witwe und bei ihrer Heidelberger Vertrauten. Der Grund für die Verzögerung, die Endreinigung durch den Restaurator, kann Bertha auch nicht so richtig versöhnen.

Unglückliche Fügungen

Ein Jahr später hilft Icki Haag Bertha bei einem ihrer Besuche, einen zweisprachigen Testamentszusatz zu formulieren. Der bestimmt Anna Fassbender als Erbin des Bildes. Nun scheint alles im besten Sinne geregelt.

Aber als Bertha ein gutes Jahr später stirbt, stellt sich heraus, dass dieses Vermächtnis aus formalen Gründen ungültig ist. Bertha, der es nicht mehr gut ging, hatte das Testament nur unterschrieben und nicht selbst zu Papier gebracht. Die Fassbender-Familie hofft nun auf die avisierte Versteigerung. Aber die National Westminster Bank, die Berthas Erbe in Geld umsetzen soll, informiert sie zu spät über die Auktion bei Philipps de Pury in London. Sie können nicht mehr mitbieten. Das Bild erzielt 11.000 britische Pfund. 2003 ergibt sich eine neue Chance, sogar in Köln, als das Bild in der November-Auktion des Kunsthauses Lempertz auftaucht. Doch wieder klappt es nicht, letztendlich geht das geliebte und begehrte Werk im Nachverkauf an einen unbekannten Käufer, wahrscheinlich in die USA. Ob der den Maler kennt, den Rang des Bildes, die Kölner Altstadt, die alte Synagoge? Die Geschichte des Bildes und seine vorherige Besitzerin dürften ihm mit großer Wahrscheinlichkeit unbekannt sein. Dabei sind das gerade die Geschichten, die eine Beziehung zu einem Gemälde intensivieren und so persönlich machen.

But I am from Cologne

Ein Buchgeschenk für Bertha und ihr Brief an das Historische Archiv.

Bertha und Köln - das ist eine besondere Beziehung. Erstmals beginnt hier eine Erzählung mit Dingen, die in Berthas Nachlass nicht mehr existieren. Ist es Zufall, dass einige Dinge, die Bezug zu ihrer Heimatstadt haben und die sie einst besaß, heute in ihrem Nachlass fehlen? Wo sie sonst so viel aufgehoben hat? Egal ob Zufall oder praktische Gründe - jedenfalls ist Bertha stolz, Kölnerin zu sein und es ist ihr wichtig, dass das jeder weiß. Immer wenn Icki Haag sie in London jemandem vorstellt, schiebt sie nach: *„But I am from Cologne."* Allen deutschen Bekannten und speziell den Kölnern fällt auf, dass Bertha im Londoner Exil ein sehr betontes und sehr intensives Kölsch spricht. So würde eine Kölnerin aus Berthas Lebensumfeld in ihrer Heimat nie sprechen. Vielleicht ist das Berthas Art - und eventuell nicht ungewöhnlich für Emigranten - ihrer Verbundenheit zur Heimat Ausdruck zu verleihen.

„Ich kann's nicht sehen"

Also schenkt Frau Haag der Exil-Kölnerin zum 75. Geburtstag (1976) ein Buch über ihre Heimatstadt. Es ist „Köln. Damals, gestern, heute", das legendäre Fotobuch zur Geschichte Kölns, das 1965 erstmals erschien, zwölf Auflagen verzeichnen konnte und heute wieder als Reprint erhältlich ist. Es zeigt Aufnahmen vor dem Zweiten Weltkrieg, Trümmerbilder der zerstörten und Fotos der wieder aufgebauten Stadt. Bertha legt das gutgemeinte Präsent sofort und ungeöffnet zur Seite: *„Ich kann's nicht sehen!"* Vielleicht ist es einfach so liegen geblieben, Bertha hat sicher dieses Buch nie als ihres betrachtet, irgendwann ist es nicht mehr da. Die Erinnerung an ihre Heimatstadt scheint ihr weh zu tun. 1984 berichtet die Heidelbergerin bei einem London-Besuch über die aktuelle Ausstellung „Juden in Köln". Daran anknüpfend möchte sie gerne mit Bertha deren alte Unterlagen aus ihrer Hutschachtel durchsehen. Bertha blockt sofort ab: *„Ich will's nicht sehen."*

Die Kölner Madonna

Barbara Piert-Borgers, die Anna Fassbender 1985 nach London begleitete, ist heute noch gerührt, wenn sie über den damaligen Besuch berichtet. Fünfzig Jahre nach der Emigration steht auf dem TV-Gerät in Berthas

Wohnküche eine Reproduktion der berühmten „Madonna im Rosenhag". Das um 1450 gemalte Bild des Meisters Stephan Lochner muss der Frau, die aufgrund ihrer jüdischen Herkunft emigrieren musste, sehr am Herzen liegen. Das Werk ist einer der großen Schätze des Wallraf Richartz Museums. Diese Madonna mit dem Jesuskind und das Fassbender-Bild mit der alten Kölner Synagoge sind in ihrem Londoner Haus die ins Auge fallenden Erinnerungsstücke an ihre Heimatstadt.

Gerne deutsch - nie mehr Deutschland

Bertha hält all die Jahre Kontakt zu alten Bekannten in Deutschland und emigrierten Deutschen in aller Welt. Sie versendet gerne Karten und Kalender der „Royal Horticultural Society", bei der sie, die Pflanzenliebhaberin, offenbar Mitglied ist. Sogar indirekte Kontakte pflegt sie, wie bereits erwähnt wurde. Sie freut sich auch über Besuch aus ihrer Heimat. Sie freut sich, in London Deutsche zu treffen und Deutsch zu sprechen. Wie aus Trotz angesichts ihrer verlorenen Heimat lernt sie nie richtig Englisch, ihr Kommentar: *„Das haben wir nicht nötig."*

Den Vorschlag von Freunden, doch in späten Jahren wieder nach Köln zu ziehen und dort ein Altenheim zu finden, schmettert sie ab: Was für eine Zumutung!

Nach ihrer Emigration als 35-Jährige betritt sie nie wieder deutschen Boden.

Das Lebenswerk ins Museum

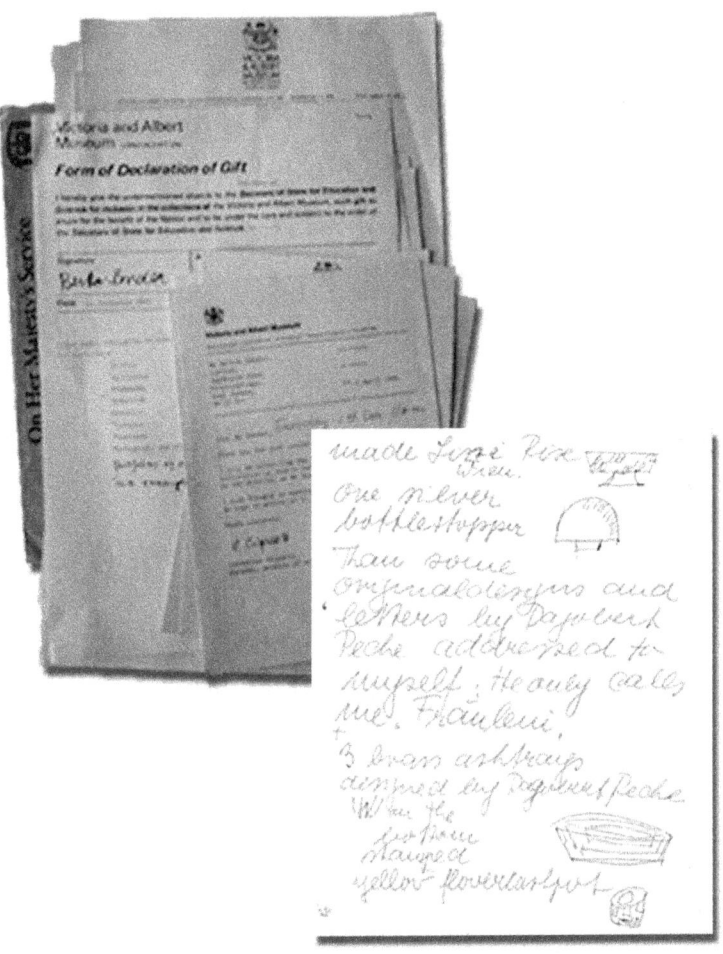

Briefe und Listen zur Übergabe an das Victoria & Albert Museum.

Ein kleiner Stapel von Briefen und Listen des Victoria & Albert Museums liegt bei Berthas Dokumenten. 1985 kontaktiert sie das altehrwürdige Londoner Kunstgewerbemuseum, das größte weltweit, erstmals. Die ehemalige Innenarchitektin möchte sich vor ihrem Umzug in ein Seniorenheim von einigen wertvollen Besitztümern zu trennen und sie in bester Obhut wissen. Sie fährt selbst ins Museum und übergibt ihre Pretiosen persönlich, in einem Korb verpackt. Außerdem sucht sie einen Verbleib für ihre eigenen Arbeiten: all die Entwürfe, Zeichnungen, Fotos und Veröffentlichungen, die während ihres kurzen Arbeitslebens und teilweise davor und danach entstanden sind.

„All these objects are from the Wiener Werkstätte Wien"
Das schreibt die Kuratorin am 26. September 1985 über ihre handgeschriebene Liste, als sie die ersten Gegenstände übernimmt. Sie führt auf:
1 glass bowl
1 painted glass dish
3 brass ashtrays by Dagobert Peche
1 silver bottle stopper [durchgestrichen mit Vermerk ‚returned']
2 wallpapers by Dagobert Peche [nochmals ‚Peche' in Berthas Handschrift]
 a) ‚die Rose'
 b) ‚Viola'
1 black bowl ... with white flower pattern (Anna) inside a broken chain [‚by Dagobert Peche' fügt Bertha nochmals hinzu]
2 drawings of armchairs
1 small enamel by Maria Likartz
1 photo of Bertha Sander wearing silk blouse with WW pattern
1 cream ornament by Dagobert Peche
1 green Belt
Silver f.. stars from Dagobert Peches possessions (with 1 leaf)
3 lory leaves from Dagobert Peches grave
1 drawing on tissue papier
1 photo Dagobert Peche and daughter [‚Viola' - in Berthas Schrift]
3 letters by Dagobert Peche to Bertha Sander
1 photo of Bertha Sander
2 black & white sketches by Dagobert Peche
obiturary of Dagobert Peche
23 postcards

small leather stamp holder [?]
1 piece of lace
3 printed pieces of silk fabrik
1 small round lace mat
1 lace mat embrordered by Dagobert Peche
1 catalogue ‚Luxor Austria'
1 catalogue Wiener Werkstätte
1 yellow ceramic cachepot by Susie Singer

Aufmerksamkeit und Wohlgefühl

Von diesen Schätzen trennt sich Bertha sicher mit Wehmut. An ihnen hängen viele schöne Erinnerungen - an die guten Zeiten, an ihr schönes „erstes Leben". Sicher hat sie für den jetzigen Schritt ihre Gründe - sie können nur vermutet werden. Generell sind wertvolle Objekte und Dokumente in einem Museum gut aufgehoben, hier kennt man ihre SchöpferInnen und den kunst- oder kulturhistorischen Wert und Kontext. Vielleicht dienen sie ja einmal der Weiterbildung oder Forschung oder gelangen im Rahmen einer Ausstellung an die Öffentlichkeit. Im konträren Fall, dem negativsten, könnten sie an unwissende Erben gelangen, die sie „nicht schön" finden, sie vielleicht auf dem Flohmarkt verkaufen. Dann macht ein Dritter den „Deal" seines Lebens - und der weitere Verbleib ist sehr fraglich. Da sind solche Objekte im Museum oder Archiv auf jeden Fall sicherer und sinnvoller aufgehoben. Außerdem wird Bertha im Kontakt zu den Museumsmitarbeitern viel Aufmerksamkeit und Freundlichkeit zuteil, dazu fachmännische Wertschätzung für ihr eigenes Werk und Dank für ihre liebevoll gehüteten Schätze. Das tut gut. Bekanntermaßen adelt der Besitz immer auch den Besitzer. Und das eigene Wohlgefühl nach einer guten Tat ist durch nichts zu übertreffen.

Erfreuliche Missverständnisse

Ein anderer Glücksmoment ist für Bertha die Ausstellung „ihrer" Zeichnung in einer Kabinettausstellung des Victoria & Albert Museums im Jahr 1986. Der Leiter des „Print Room" lobt ihre Arbeit in einem handschriftlichen Brief vollmundig. Seine Handschrift anno 1986 ist, nebenbei bemerkt, ähnlich malerisch wie die von Dagobert Peche in den 1920er Jahren. Wenn man auf die vorher zitierte Übergabeliste ans Museum schaut, ist klar, dass die ausgestellte Sessel-Zeichnung eine der beiden oben aufgeführten „2 drawings of armchairs" sein muss. Darüber steht: *„All these objects are from the Wiener Werkstätte Wien"*. Für Bertha ist klar, dass dies alles Entwürfe der Wiener Werkstätte sind - und nicht ihre. Der Kurator weiß, dass Bertha auch bei der „Werkstätte" gearbeitet hat und so ist für ihn offensichtlich klar, dass die schöne Sessel-Zeichnung von Bertha stammt. Obwohl sie nicht von ihr signiert ist. Obwohl sie die markante, allerdings nicht sofort erkennbare Signatur von Peche trägt. Bertha genießt den kleinen Ruhm und schweigt - sie hat ja nichts falsch deklariert.

Eigene Arbeiten und andere Vermächtnisse

Das Museum teilt im November 1985 mit, dass die *„magnificent collection of designs and wallpapers"*, die alle von Bertha stammen, in die Museumsarchive für Kunst und Design des 20. Jahrhunderts in der Blythe Road wandern werden. Einige ihrer Entwürfe sollen auch im „Department of Prints and Drawings" im Hauptgebäude des Museums untergebracht werden und so zugänglich sein. Dass sich dort Berthas eigene Arbeiten mit denen anderer aus ihrem Besitz mischen werden - ohne korrekte Zuordnung - beweist die oben erwähnte Ausstellung. In den folgenden Jahren gibt Bertha peu à peu weitere Arbeiten an das Museum: ihre rote Mappe mit ihren Zeugnissen und Arbeitsdokumenten, handgedruckte Textilien, Fotos und Veröffentlichungen von Kinder- und anderen Möbeln. Später folgen Weihnachtskarten, die als „artist's hand made christmas card" gerne entgegengenommen werden - wieder vom Kurator des „Print Room" mit seiner schwungvollen Handschrift. Im Dezember 1987 benutzt der dann die Schreibmaschine, um für die „paintings", Berthas Ölbilder aus den 1960er Jahren, zu danken und die „two door handles". Sie werden, so versichert Calloway ausdrücklich, in der Museumssammlung neben anderen Beispielen von Pionieren des Modernen Designs platziert und für Studierende von großem Interesse sein. (Anmerkung: Bis September 2013 haben die Griffe noch keine Archiv-Nummer.)

Im Sommer 1988 offeriert Bertha dem Victoira & Albert Museum noch Brüsseler Spitze aus dem 19. Jahrhundert. Ist da vielleicht die Nadelspitze mit dabei, mit der Berthas Mutter damals ihr gebrauchtes Brautkleid aufwertete? Die Kuratorin vom „Department of Textile Furnishings and Dress" bittet direkt um die Möglichkeit einer eventuellen Rückgabe dieser Schenkung, falls die Stücke zu nahe an bereits vorhandene Museumsbestände herankämen. Dann würde man ein anderes Museum benennen, das interessiert sein könnte. So geschieht es auch - ohne dass der endgültige Verbleib von dieser Brüsseler Spitze bekannt ist. Für die alte Dame ist es sicher in den letzten Lebensjahren eine sehr befriedigende Angelegenheit, sich um all das zu kümmern und immer wieder freundliche und wertschätzende Resonanz von kompetenter Stelle zu erhalten.

Archives of Art and Design

Diese Archive sind außerhalb des Victoria & Albert Museums im Westteil der Stadt untergebracht. Sie beherbergen das Werk einzelner Künstler und Designer wie auch die Unterlagen von Unternehmen und Vereinigungen, die sich auf unterschiedliche Art und Weise mit angewandter Kunst und Design beschäftigen. Ein besonderer Schwerpunkt ist das britische Design des 20. Jahrhunderts. So befinden sich beispielsweise die Unterlagen des Royal College of Art, Department of Design Research und des British Institute of Interior Design ebenso hier wie die der bekannten Firmen Heal and Son und Habitat, die Möbel beziehungsweise Haushaltswaren herstellen und vertreiben. Im „Arts and Crafts"-Movement des 19. Jahrhunderts verwurzelt ist Morris & Co. Das ebenfalls hier archivierte Unternehmen vertreibt unter anderem Entwürfe des Gründers William Morris, dessen Teppiche, Tapeten und Stoffe besonders bekannt sind. Aber auch die Dokumente von Biba, der legendären Modemarke des Swinging London der 1970er Jahre, sind im Blythe House untergebracht. Bei den Einzelnachlässen fallen Cecil Beaton, der Illustrator, Fotograf und Bühnengestalter ins Auge sowie im Bereich Einrichtung und Möbeldesign die Irin Eileen Gray. Allerdings lagern hier lediglich Teilbereiche ihres Schaffens.

Wer in den Archiven recherchieren möchte, muss sich frühzeitig anmelden und für eine bestimmte Zeit einen Arbeitsplatz reservieren. Es ist eine papierlastige Prozedur, die sich für jede Archivposition wiederholt: Ein Antragsformular mit Durchschlägen wird handschriftlich ausgefüllt, der Lesesaal-Mitarbeiter prüft es, gibt es ins Archiv und händigt später die gewünschte Akte aus. Sie wird gewogen, das Gewicht verdeckt notiert und der Recherchierende quittiert den Empfang. Anschließend das Ganze rückwärts:

Rückgabe, Wiegen, Gewichtskontrolle, Quittierung des Erhalts durch den Archivmitarbeiter. Dann kann es mit einem neuen Formularsatz zur nächsten Position gehen - and so on...
So also sind Berthas Arbeiten wohl verwahrt.

That is what I was

Berthas Alterswohnsitz und eine ihrer späten Zeichnungen.

Bertha hat sich entschieden. Sie will in ein Altersheim umsiedeln und ihr kleines Backsteinhaus in Hampstead Garden Suburb verkaufen. Lange hat sie sich mit dem Gedanken beschäftigt, denn die Auswahl ihres neuen und wahrscheinlich letzten Wohnsitzes ist ein schwieriges, weil so wichtiges Unterfangen. Sie spricht auch mit ihren Vertrauten darüber. Sicher hat jeder einen gut gemeinten Ratschlag parat. Als ihr „Herr Doktor", der Journalist Dr. Rolf Hahn, ihr vorschlägt, in ein jüdisches Altersheim in London zu ziehen, entgegnet sie wie schon erwähnt ruppig: *„Ich bin doch keine Jüdin. Ich will doch nicht immer koscher essen."* So viel zum Thema jüdisch - damit ist schon einmal eine Negativauswahl getroffen. Die Suche geht weiter und weit über die Londoner Stadtgrenzen hinaus.

Ländlich und persönlich

Schließlich entschließt sich Bertha für Justins, ein kleines privates Altenheim in East Sussex, ungefähr hundert Kilometer südöstlich der Londoner City. Es ist die Empfehlung von Bekannten, deren Mutter dort lebt. Im Oktober 1985 zieht Bertha in ihr neues Domizil um. Der kleine Landsitz mit dem typisch englischen Fachwerk liegt in der Nähe von Bodiam Castle mitten in der Landschaft und besitzt einen schönen Garten mit vielen alten Bäumen. Das Ehepaar Francis führt das Haus mit den nur elf Senioren sehr persönlich. Ted und Jane sind für alles da und kümmern sich liebevoll um ihre Bewohnerinnen und Bewohner. Da rundum keine Infrastruktur existiert, wird alles erledigt: Post, Besorgungen, Einkäufe. Und ein Arzt kommt regelmäßig ins Haus. Durch die ländliche Lage bietet sich interessierten Bewohnern noch eine Besonderheit. Sie können ein eigenes, kleines Gärtchen anlegen und pflegen. Bertha, die passionierte Gärtnerin mit dem schönsten Phlox von London, verzichtet darauf.

Ungebildet und unglücklich

Justins wirkt fast überall wie ein gemütliches Privathaus und ist auch so eingerichtet. Nur der Speiseraum ist anders: Da stehen elf kleine Tische, ein Tisch für jede Bewohnerin und jeden Bewohner. Beim ersten ihrer vielen Besuche in Justins möchte Icki Haag dort mit Bertha essen. *„Nein, das ma-*

che ich nicht." entgegnet Bertha brüsk. *„Why?"* fragt ihre Besucherin. *„Sie haben alle viel Geld. Aber sie sind alle ungebildet."* lautet Berthas Begründung.

Im Sommer 1989 schreibt sie an ihre Heidelberger Vertraute: *„Ich spreche ja mit niemandem hier, Ted und Jane kommen selten. [...] Ich kann noch lesen und 3 x wöchentlich kommt Mrs. Butler sie hilft mir. Ich bin im Grunde genommen sehr unglücklich, das Altsein ist schlimm wenn man so allein ist. Ich hoffe, bald von Ihnen zu hören, es würde mir etwas Mut geben, wenn Sie kommen."*

Lesen und Essen

Berthas Hauptbeschäftigung in Justins ist Lesen. Im Mai 1987 schreibt sie an Icki Haag: *„Das Schreiben fällt mir schwer. Das Gehen ist auch schlechter geworden. [...] Ich lese ja viel. Reisegeschichten und Biographien, im Augenblick lese ich Le Corbusier (Architekt.)"*

Ted Francis, der Besitzer des Altenheimes, macht zweimal wöchentlich Einkäufe für Bertha und muss ihr oft Bücher besorgen. Er berichtet, wie breit gestreut ihre Interessen sind. Sie liest über die Konstruktion der Atombombe, Essays von Peter Altenberg, einem Wiener Autor, und viele Reiseberichte. Auch Frau Haag versorgt Bertha immer wieder mit Lesestoff, auf Deutsch natürlich. Sie berichtet auch über ein kleines Buch, das Bertha so wichtig war, dass sie es kaum aus der Hand geben mochte. Sein Titel ist „Was Frauen erdulden müssen. Berichte aus dem Leben von Star". Das abgegriffene Büchlein findet sich 1991 unter Berthas Überbleibseln auf dem Dachboden von Justins. Es erschien 1910 in Berlin-Schöneberg, den Umschlag gestaltete Käthe Kollwitz, das Geleitwort schrieb Dr. Alice Salomon.

Berthas Hunger beschränkt sich nicht nur auf ihren Lesestoff. Sie will immer etwas anderes essen als die anderen Heimbewohner und sie bezahlt dafür. Das Liebste ist ihr ein riesiges Steak. An Icki Haag in Heidelberg schreibt sie im Oktober 1987: *„Ich danke Ihnen sehr für den herrlichen Schinken. Sie hätten mit Jane nicht über mein essen sprechen sollen, sie ist immer hinter mir her, daß ich zuviel esse, ich habe oft Hunger, ich esse 3 Stücke Brot und der Rest ist Gemüse, Obst, 1 Ei, Honig, ich kann mich ja kaum bewegen, das ist das Schlimme. Es war wunderschön, daß Sie..."* (Rest fehlt)

„That is what I was."

Bertha ist anstrengend. Sie verlangt im Alltag des kleinen Altenheims viel Aufmerksamkeit und eine besondere Behandlung. Ted und Jane Francis, die Inhaber, sollen sich immer und persönlich um sie kümmern. Im letzten Jahr ihres Aufenthalts bringen sie Bertha - als Urlaub für beide Seiten - zwei oder drei Wochen im „Raphael Center of Natural Health" unter. Jane muss vorher für Bertha waschen und ihren Koffer packen. *„Pure silk pyjamas, slim nighties and crocodile shoes"* habe Bertha für ihre kleine Reise zurechtgelegt, erzählt Jane. Als Jane sagt, dass diese doch viel zu klein seien (für die inzwischen übergewichtige Bertha), antwortet diese wehmütig: *„That is what I was."* Also wird alles eingepackt.

Dagobert war einfach wunderbar

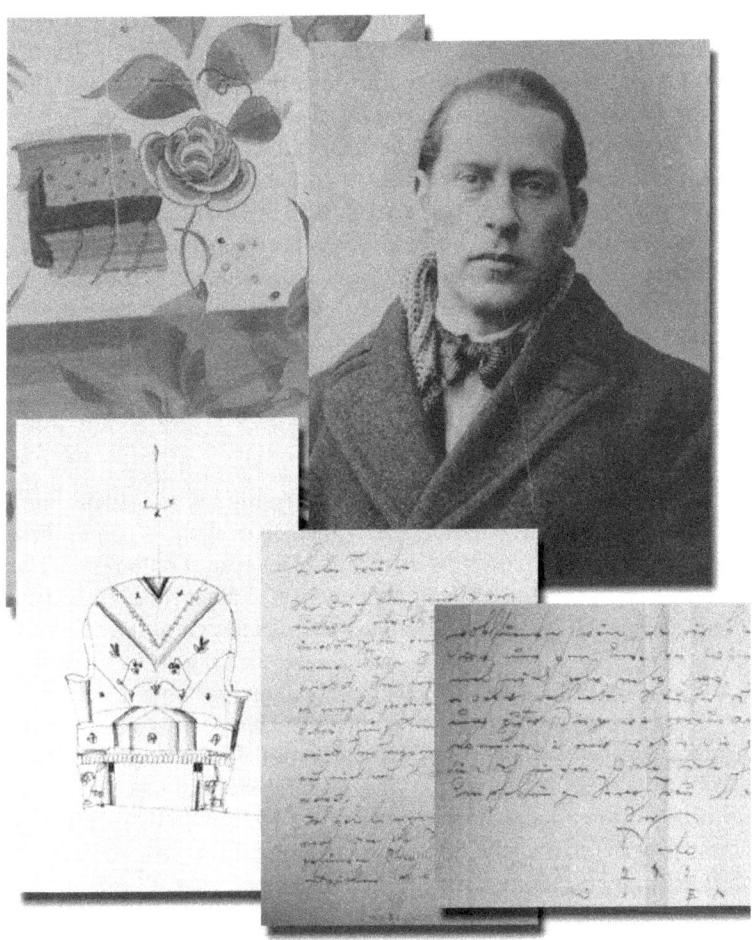

„Berthas Rosentapete", Dagobert, seine Zeichnung und seine Briefe an Bertha.

Ein kleines gerahmtes Foto: Ein eleganter junger Mann mit Fliege, Seidenschal und dickem Mantel blickt melancholisch in die Kamera. Es ist eine professionelle Aufnahme aus einem Foto-Atelier, kein Schnappschuss. Mitte der 1980er Jahre berichtet die Nachbarin immer wieder von Bertha Sander. Wie schwierig, oft unwirsch und unzugänglich sie sei. Wenn man sie jedoch nach dem kleinen Foto, das über ihrem Bett hängt, frage, ginge ein Strahlen über ihr Gesicht berichtet. *„This is Dagobert Peche, Dagobert war einfach wunderbar, fabelhaft, liebenswürdig. He always called me Fräulein."* Jugendliche Frische und Lebensfreude kehre auf das Gesicht der alten Frau zurück. Peche ist der 1923 jung verstorbene, geniale Gestalter, den Bertha 1921 in Köln kennenlernte. Dagobert ist ihre Erinnerung an die besten Jahre ihres Lebens, an Jugend, Liebe, Leichtigkeit und Anerkennung. Auf der Rückseite des Bilderrahmens hat sie mehrfach *„This is Dagobert Peche"* vermerkt - damit das jetzt und künftig jeder weiß.

Dagoberts Rosentapete aus Köln

Alle die Bertha kennen, bekommen die prächtige Rosentapete immer wieder zu Gesicht „Berthas Rosentapete" - über Jahrzehnte. Auch in diesen Geschichten taucht sie immer wieder auf. Der alte Freund Dr. Hans Thünker kennt sie aus seiner ersten ehelichen Wohnung. Icki Haag kennt lange schon einige Abschnitte aus Berthas Hutschachtel. Ich finde sie in der Fachliteratur. Berthas Lieblingstapete wurde, wie schon erwähnt, 1921 von Dagobert Peche in der Kölner Tapetenfabrik Flammersheim & Steinmann koloriert. Dabei lernt die 20-Jährige den genialen Wiener Entwerfer kennen und darf ihm helfen - vielleicht ist sie sogar beim Kolorieren „ihrer" Tapete dabei. In den 1920er Jahren, als die Tapete lieferbar ist, muss Bertha sich einen größeren Vorrat davon angelegt haben. Er reicht für etliche Flure und wird sie über sechs Jahrzehnte begleiten - auch ins Exil. Erst 2013 erfahre ich von Barbara Piert-Borgers, dass Bertha auch noch zuletzt in ihrem Londoner Haus mit „ihrer" Rosentapete gelebt hat. Als sie und Anna Fassbender Bertha 1985 besuchen, fällt ihnen die Tapete ins Auge. Bertha freut sich sehr, als die beiden Frauen danach fragen und strahlt. Als Erinnerung bekommen die Kölnerinnen einen Abschnitt mit auf die Heimreise. Wer die opulente Rosentapete entworfen hat, sagt die Mittachtzigerin nicht - aber es fragt ja auch keiner. Bertha erlebt wieder einmal einen freudigen Moment.

Und Dagoberts Rosentapete reist wieder an den Ort, an dem sie vor über sechs Jahrzehnten hergestellt wurde. Ob heute noch sonstwo in Köln ein Stück von ihr existiert? Die Herstellerfirma schloss 1979 ihre Pforten.

Späte Ehre – falsche Ehre

„...one of your delightful designs for the Wiener Werkstätte, an armchair with large rounded forms and geometric and curly floral decoration. It was one of my favourite things amongst the marvellous group of your drawings which came to the museum a little while ago. We guessed that it belonged to about 1924 or '25 but you may be able to remember more exactly, which would be very fascinating. I wonder if your friend Miss Mork know that the drawing was also shown in an exhibition which I put on here at the V & A earlier in the year. It was called ‚Designs for Interiors' and featured mainly quite recent work, but again included a few interesting earlier examples. Your drawing was illustrated and was Number 32 in the catalogue, a copy of which I have great pleasure in sending you, in case on has not come your way."

Wer solch einen Brief von einem Kurator des Victoria & Albert Museum in London bekommt, kann nur stolz sein und sich mit seinem Werk von höchster Stelle anerkannt fühlen. Genau so geht es Bertha, sie teilt das natürlich gleich ihrer „*liebsten Icki*" in Heidelberg mit und überreicht ihr beim nächsten Besuch stolz den kleinen Katalog. Hier befindet sich „Berthe Sander" in guter Gesellschaft von international anerkannten Entwerfern wie Gio Ponti, Piero Fornasetti, Robert Venturi, Nigel Coates und Ron Arad, die meist in der zweiten Hälfte des 20. Jahrhunderts tätig sind. Die abgebildete Zeichnung ist die Lobeshymne des Kurators wert, denn sie ist von hoher zeichnerischer Qualität und grafischer Delikatesse. Nur stammt sie nicht von Bertha, sondern - wie wir schon wissen - von Berthas wunderbarem Dagobert aus Wien. Auf der Rückseite der Zeichnung steht ein Eigentumsvermerk der Wiener Werkstätte, auf der Vorderseite ist Peches unverwechselbare Signatur in die Zeichnung integriert. Sind jetzt wohl diese und die zweite Londoner Sesselzeichnung aus Berthas Vermächtnis ihrem wahren Schöpfer zugeordnet?

Briefe von Dagobert

Bei der ersten Sichtung von Berthas Nachlass in den Londoner „Archives of Art and Design" finden sich 1991 einige Dokumente nicht, die sie auf den Übergabelisten aufgeführt hat. Darunter sind *„3 letters from Dagobert Peche addressed to myself"*, einige Fotos und seine Todesanzeige. Eine Archivmitarbeiterin forscht nach und verweist auf die „Library" des Museums. Später liegen dort eine Kassette und ein Paar weiße Handschuhe bereit. Nur damit und unter Aufsicht darf der Inhalt angeschaut werden. Die Archivbox enthält die drei gesuchten Briefe, die Peche während seiner Krankheit 1922 an Bertha schrieb. Das Schriftbild, bei Peche sonst immer eine grafische Delikatesse, zeigt, dass es ihm von Brief zu Brief immer schlechter geht. Die Briefe verraten auch die sehr private Seite ihrer Beziehung, aber der charmante Ton des Briefschreibers geht mehr und mehr in traurige Resignation über. Weitere Bertha teure Erinnerungstücke lagern bei den Briefen: Lorbeerblätter von Peches Grab, kleine Stanniol-Sternchen, Fotos von Dagobert, von seiner jüngsten Tochter Viola und von ihr selbst. All das hat die Innenarchitektin fast siebzig Jahre lang als ihren Schatz gehütet. Nun ist Berthas kurze Beziehung mit und lebenslange Verehrung für Peche sozusagen „amtlich", in einer ehrwürdigen Kulturinstitution archiviert.

... und küsse Sie bis Sie jammern

„Liebes Fräulein!
Ihr Brief klang mächtig vorwurfsvoll, obwohl ich selbstredend unschuldig bin, denn ich habe meine Mission H. H. bestens ausgerichtet. Ihre Lage so glänzend als möglich geschildert und zur Bekräftigung Ihren Brief überreicht. Und trotzdem sind Sie böse auf mich weil H. H. sich nicht meldet. Ich habe bei meiner Rückkunft nach Wien alle Dinge vorgefunden. Ihre Chokolade war entzückend ich habe sie selbstredend mit großer Andacht genossen indem ich mir immerzu ‚Bertchen', ‚Bertchen', ‚das ist von Bertchen etc.' vorsagte. Dabei wäre ich aber beinahe erstickt weil ich so unvorsichtig gegessen habe. Ich danke Ihnen bestens und herzlich für Ihr Geschenk. Ihre Weste ist großartig und tut mir die besten Dienste. Ich habe sie zu allen Stunden des Tages an meinem Herz, welches sonst bei dieser Kälte erfrieren würde. Wie kommt es daß Frl. ES. auf die Rückseite des

Briefes geschrieben hat. Ist Sie mit Ihnen in einem Bureau? Ich danke Ihnen auch herzlich für die schönen Grüße Ihrer Familie. Den Schnaps zu trinken, will ich bald nach Köln fahren, wenn Sie sich verpflichten die Hälfte auf sich zu nehmen. Ich grüße Sie alle bestens empfehle mich Ihrer Frau Mutter (:matschka mu:) sie Sie sagen. Das ist zu nett als das ich's mir nicht wieder rekonstruieren müßte. Ich bitte Sie auch Frl. E.S. herzlich zu grüßen falls Sie sie selber sehen. Sie selbst umarme ich natürlich ganz besonders und küsse Sie bis Sie jammern. Dies alles wegen der Steigerung meiner Zeilen, sonst scheint der Schluß zu arm.
Herzlich Ihr D. Peche 22 WIEN
[Rückseite]
wir haben alle sehr viel zu tun, auch Häusler. Es ist 6h Morgens womit beginne Ihnen zu schreiben weil ich gewöhnt war Sie aufzuwecken. Hoffentlich machen Sie dies alles jetzt brav ohne mich damit von Herrn Weber an mich keine Klage kommt. Ich höre Sie morgens jammern. Herzlichst %"

(Anmerkung: Herr Weber ist Berthas Chef im Büro von Bruno Paul in Köln.)

Alle immer krank

„Liebes Fräulein!
Es ist furchtbar nett und lieb von Ihnen daß Sie mit Ihrem Fleiß ein Kleidchen für mein kleines Baby gemacht haben. Leider ist es Ihr weitaus zu klein weil mein Kind so ein Koloß ist. Ich habe es Häuslern gegeben. Vielen, vielen Dank auch für die Schokolade. Das Glas habe ich Ihnen gesandt. Ja, wo mag dies wieder hingekommen sein? Leider kann ich jetzt nicht nach Köln kommen. Es ist mir dies sehr sehr leid, weil ich Sie nicht in Frühling... [?] sehen kann, was für mich umso wohltuender wäre, da wir hier immer alle krank sind und dem Ende des Winters scheinbar noch nicht sehr nahe sind. Mir selbst geht es sehr schlecht. Hausler ist wohlauf und guter Dinge wie vorauszusehen ist. Schreiben Sie mir wohin Sie gehen und wie Sie sich finden. Viele viele Grüße Ihnen. Empfehlungen Ihrer Frau Mama. Herzlichst Ihr D. Peche 22 WIEN"

(Brief Dagobert Peche an Bertha Sander, Köln, Frühling 1922)

Ich liege und liege

„Liebes Frl.!
Ich habe mich sehr gefreut als ich Ihre Karte von meiner Frau zugeschickt erhielt, ich befinde mich seit 5 Wochen bereits in einem Sanatorium für Lungenkr. Ich bin also doch tuberkulos was der Cölner Arzt nicht konstatierte [?]. Ich habe angebl. einen Lungenspitzenkatharr ich glaube aber dass das auch oben tuberk. ist. Es ist sehr traurig [?] ich habe immer erhöhte Temper.[atur] und kann es nicht unter 37.2 im Durchschnitt bringen. Ich liege und liege. es wird aber nicht besser. Ich danke Ihnen für das Kleidchen recht herzlich. Wie geht es sonst??? Viele Empf. Ihr[er] Fr Mama und Frl. Schwester
[Rückseite]
Ich bewundere Ihre Liebe, und weiß nicht womit ich Ihnen für all dies danken soll. Nicht einmal Tapeten könnte ich Ihnen verschaffen. Ich, d. h. meine Familie ist jetzt nach Mödling übergesiedelt in das Haus neben Häusler, so dass ich mich als[o] Ludwig Höflergasse 24 befinde. Ich bin darüber sehr froh denn das Haus ist trocken und fällt nicht zusammen. In meiner alten Wohnung habe ich mich auch verdorben. Ihr Blinddarm wird hoffentlich schon gut sein. In dieser Sache habe ich bereits eine 6jährig[e] Praxis und kann Ihnen nur raten nicht zu früh aufzustehen sonst haben Sie Jahre nachher wie ich verschied. Schmerzen. Ich grüße Sie [?] 1000 mal und freu mich wenn Sie mir [?] schreiben da ich den ganzen Tag nur die Wolken anschaue. D. Peche"

Diesen letzten Brief an Bertha schrieb Peche aus dem Sanatorium in Aflenz/Österreich im November 1922.

Liebes Fräulein

So beginnen alle Briefe Peches an die Kölnerin. „*He only calls me Fräulein*" hat Bertha auf einem Übergabezettel an das Victoria & Albert Museum geschrieben und das erzählt sie auch in späteren Jahren immer wieder mit schwärmerischem Blick. Der Wiener Créateur und Charmeur aber hat diese Anrede, wie seine Briefe an Mathilde Jünger belegen, nicht allein für Bertha verwendet. Aber das hat sie wahrscheinlich nie erfahren.

Herr Peche soll...

2011 sichte ich in der Wienbibliothek im Wiener Rathaus den Nachlass von Philipp Häusler. Zuerst werden die Dokumente durchgesehen, die durch Daten, Orte und Adressaten primär für die Recherche zum Kreis Sander-Häusler-Peche infrage kommen. Unter der Signatur 2.1.3.10. 4.7. ist ein Brief von Peche an Häusler mit zwei Blatt aufgeführt. Aus dem Archiv kommt nur die erste Seite in den Lesesaal. Peche schreibt am 30. November 1921 aus Köln allerlei Geschäftliches an den Kollegen in Wien. Unten auf der zweiten Seite steht dann auf einmal in Versalien: „*BERTA LÄSS(T) MICH NICHT WEITER SCHREIBEN (2) BESTÄTIGUNG:*" Danach ändert sich die Handschrift für die letzte abgebrochene Zeile: „*es ist absolut nicht wahr! Herr Peche soll...*". Das muss Berthas jugendliche Handschrift sein. Was soll Herr Peche jetzt tun? Leider fehlt das zweite Blatt, auf dem die Fortsetzung des Satzes und vielleicht noch mehr steht. Am Ende des Recherche-Aufenthaltes ist noch Zeit; also schaue ich noch den Bestand „*nicht identifizierbare Korrespondenzen*" durch, einige einzelne Blätter und Umschläge. Darunter liegt ein Blatt „II", das auf einer Seite allein Berthas Schrift trägt. Jetzt ist klar, was Herr Peche soll.

[Er soll] „nachts schreiben sonst habe ich garnichts von ihm! Und Sie haben doch das Gegenteil geschrieben, ich soll ‚sehr viel' von ihm haben.
Herzlich
B.
7 Minuten vor 9 Uhr Abends
x_____x
9,40 h
Heute hatte ich etwas von Herrn P.!
Ich habe künstlerisch profetiert!
B."

Danach darf Herr Peche an diesem Abend seine geschäftliche Korrespondenz fortsetzen. Nun ist der Brief aus „Cöln 30. Nov. 1921" an die Wiener Werkstätte wieder komplett. Die Vermutung einer Liaison ist damit eindeutig bestätigt. Berthas liebevolles, lebenslanges Erinnern gilt nicht nur einem entfernten Jungmädchen-Schwarm. Peches früher Tod und Berthas unglückliche Schicksalswendung haben die sehr kurze Affäre für sie selbst mystifiziert und glorifiziert. Gerade in den späten Jahren ist das für Bertha ein wunderschöner Lichtblick in die Vergangenheit.

Wer ist Peche?

„Schlank und blass sei er gewesen, voll seltsamer Unruhe, der Körper immer schon recht hinfällig, ein ‚Raunzer', schwermütig und einsam: ‚Seltsam steht hier das Werk gegen den Mann. Und doch ist beides eine feine, nervöse Einheit.' Dann wieder gibt es Augenblicke, da ‚erscheint er als der große, gutgebaute, herzensfrische Junge', dessen Unbedarftheit ketzerisch rücksichtslos im Kunsthandwerk Gestalt annimmt. Ambivalenzen und Widersprüche in Persönlichkeit und Schaffen irritieren, wer sich mit Dagobert Peche beschäftigt. Auf die Frage seines Studienkollegen und ersten Rezensenten René Delhorbe ‚Wer ist Peche?' scheint es rückblickend nur eine mögliche Antwort zu geben: Anarchist war er, unwissentlich. Sein Werk verweigert sich dem kunstwissenschaftlichen Ordnungsbedürfnis: Entwicklungen werden konterkariert, Zweckmäßigkeit wird boykottiert, Geschlechtsspezifisches ignoriert und der Krieg mit Kostbarkeiten kompensiert."

Dies ist ein Auszug aus dem gleichnamigen Beitrag von Anne-Katrin Rossberg im Katalog zur Ausstellung „Die Überwindung der Utilität. Dagobert Peche und die Wiener Werkstätte" im MAK Museum für angewandte Kunst in Wien 1998.

Was bewirkte Peche?

"...viel wichtiger ist, daß er [Peche] durch seinen spielerisch-schwerelosen Umgang mit Elementen, Stilen und Materialien, durch seine geradezu anarchische Verweigerung der Praxis und des Praktischen als Maßstab des Kunstgewerbes in Wien einen entscheidenden Beitrag zu einer anderen, nicht didaktischen Moderne geleistet hat. Zu jener Moderne, die es nicht als ihre Aufgabe sieht, die ‚richtige Form' zu verabsolutieren, sondern die Freiheit der Kunst auf ihren eigenen Ausdruck zu verteidigen, selbst wenn dieser Monströses, Nutzloses, Häßliches, Übertriebenes oder Maßloses hervorbringt. Das 20. Jahrhundert hat uns drastisch vor Augen geführt, wie

rasch die Forderung nach rationaler Lebensgestaltung zum Diktat verkommt, wenn sie, sei es aus ästhetischen, sei es aus politischen Gründen, das Bedürfnis des Menschen nach Widersprüchlichkeit, nach Sinnlichkeit und radikaler Subjektivität verkennt. Für Peche ist es das Ornament, das den künstlerisch arbeitenden Gestalter vom Konstrukteur oder Techniker unterscheidet, da in ihm der kreative Ausdruck beginnt. In einer heutigen Lesart bedeutet dies nichts anderes als das Recht künstlerischer Gestaltung, sich über das Dogma der Nützlichkeit hinwegzusetzen, und wenn dies mit den Mitteln dessen geschah, was wir heute als ‚Kitsch' einstufen, so steht dieser Kitsch einer kreativen Freiheit vielleicht näher als so manche kanonisierte Ikone der klassischen Moderne."

So schreibt Peter Noever in seinem Katalogvorwort zur gleichen Ausstellung 1998 in Wien, das hier auszugsweise zitiert wird.

Was machte Peche?

Zwischen 1915 und 1923 erschafft er über 3.000 Objekte - trotz Militärdienst im Ersten Weltkrieg und Krankheit. Auch später gibt es kaum Gestalter, die in so vielen Disziplinen arbeiten und so unterschiedliche handwerkliche Techniken benutzen. Tüllmasken und Stofftiere gehören zu seinem Werk, Plakate und Briefmarken, Mode, Accessoires und Schmuck. Er gestaltet Bühnenauftritte und Verkaufslokale und gerne verspielte wie prunkvolle Zierobjekte aus den edelsten wie aus den einfachsten Materialien. Er widmet sich dem Osterschmuck mit gleicher Hingabe wie der Elfenbeinschnitzerei. Peche entwirft Möbel und Leuchten, Stoffe, Tapeten und Teppiche sowie vielerlei Glas-, Porzellan- und Metallgegenstände. Josef Hoffmann, der Mitbegründer und Leiter der Wiener Werkstätte, bezeichnete Peche als *„das größte Ornament-Genie [...] seit der Barocke"*. Peche gehört auch mit zu den Wegbereitern des Art Déco, des eleganten und luxuriösen Stils, der in den 1920er und 1930er Jahren um die Welt geht und noch heute Strahlkraft besitzt.

I was not lucky in my life

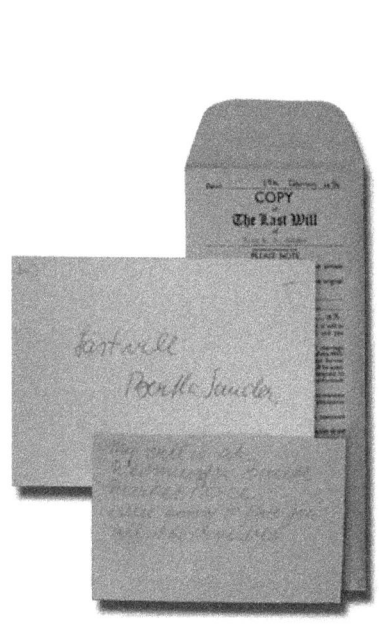

Ein trauriges Resümee aus dem Jahr 1984 und ihr letzter Wille.

Ein trauriges Resümee zieht Bertha, als sie am 16. November 1986 an den Kurator des Victoria & Albert Museums schreibt, der „ihre" Zeichnung ausstellte, die eigentlich von Dagobert Peche stammt. Sie fasst ihr Schicksal so zusammen:
„I was not lucky in my life. I lost ca. 7 years through having TB [Tuberkulose, d. A.] twice. I only came back from Switzerland in 1931. And in 1933 HITLER came to power. As I am jewish my work was forbidden, I could only work for Jews. In 1936 I had to flee Germany. I was the most gifted young Interior Designer in Germany. When I had to flee I was only able to take some work with me. I came to England in January 1936 and got only a permit to work free lance. I was not known here and had no money to start a Studio, my valid mother came with me, I had to look after her until 1958. And the war came in 1939 and I had to do warwork. ..."

„*Liebste Icki*" beginnt Bertha 1987 wie üblich einen Brief an Icki Haag. Etwas hat nicht so geklappt wie sie es sich vorgestellt hatte: Die Fotos ihrer kleinen Tischchen, die sie Icki schicken will, sind nicht gut geworden. Resigniert schreibt sie. „*Es tut mir leid aber das Schicksal scheint gegen mich zu sein.*" Offenbar ist jetzt für sie jedes Misslingen oder jedes kleine Missgeschick eine Katastrophe, ein weiterer persönlicher Schicksalsschlag.

Alt werden und verzweifelt

Im Brief von Januar 1988 stellt sie der „*liebsten Icki*" ihr Befinden und ihre Stimmung ausführlich dar:
„*ich erhielt einen Brief von Ihnen in dem war der Kalender und die Bilder Mutter und Kind und ein Brief. Vielen herzlichen Dank. Über die Bilder freue ich mich sehr. Ich habe gewartet mit dem Schreiben da R. H. [Rolf Hahn] sagte, Sie hätten 2 Briefe geschickt. Ich fühle mich heute garnicht gut und kann kaum gehen. Ich habe 2 Nächte trotz Tabletten nicht geschlafen, hoffentlich bessert es sich nochmal, ich bin heute sehr verzweifelt, denn es ist eine Qual so zu leben. Die Griffe*[2] *sind in einer Abteilung für Metalwerke nicht wo meine anderen Sachen sind die sind im Archive of Art and Design, Blythe Road W 14. Hier ist ja kein nursing Home und man ist den*

---

[2] Die zwei Tür- bzw. Möbelgriffe, die Bertha für die Privatstation des Jüdischen Krankenhauses in Köln um 1934 entworfen hat, befinden sich im Original in der Abteilung „Metal Work" des Victoria & Albert Museum London.

ganzen Tag allein. Ich bin auch sehr schwindelig, aber ich wollte Ihnen schreiben. Das Wetter ist nicht gut, es ist nicht kalt aber grau. Wenn die Sonne scheinen würde ging es mir wohl besser. Ich habe mir das alt werden nicht so vorgestellt. Hoffentlich sehe ich Sie nochmal. So bin ich mit vielen herzlichen Grüssen stets Ihre Bertha."

Gesundheit und späte Reue

Auch der Brief von August 1988 ist der Bericht einer unglücklichen alten Frau. Er zeigt, wie vertraut sie in den letzten Jahren mit Icki Haag ist.

„Liebste Icki,
ich kann nicht viel schreiben, wenn ich sitze ist mein Rücken ohne Gefühl und Gleichgewicht im Sessel kann ich sitzen. Sie sind immer so gut zu mir und ich habe Sie so gern, einliegend was für Ihre hohe Kante. Ich hätte Ihnen ja immer Ihre Reise bezahlen müssen was ich auch tun werde. R. H. [Rolf Hahn] wäre ja nie gekommen aber ich wollte ihn nochmal sehen er kennt so wenig von England. Hier war zufällig ein Zimmer frei aber er wollte keinen Tag bleiben. Dann hätte Ted ihn an den See gefahren und er hätte das Schloss sehen können denn er wird sicher nicht nochmal kommen. Und Ted hat mir das petrol gerechnet, Ted und Jane sind ja so gut zu mir. Mir geht es mit der Arthritis nicht gut, ich kann immer schlechter gehen und ich habe es in den Händen. Hier sind sie mit dem Preis in die Höhe gegangen und da ich mich immer weniger bewegen kann weiss ich nicht wie lange ich hier bleiben kann oder in ein nursing home gehen muß, hier ist es ja ein residental Home. So muß ich vorsichtig mit meinem Geld sein wenn ich hier eine nurse gebrauche das ist sehr, sehr teuer. Sonst bin ich ja gesund und ich leide so weil ich immer was tun will und kann es nicht mehr. Sie verstehen es sicher gut. Ich habe ja niemanden hier aber ich wollte nicht in London bleiben es wäre wohl richtiger gewesen. Die einzige Bekannte [die] ich hier hatte musste in ein nursing Home. Hoffentlich sehe ich Sie bald, R. H. sagte Sie kämen im September, entschuldigen Sie meine schlechte Schrift. So bin ich wie stets
Ihre Bertha"

Ich hab' 'nen Fehler gemacht

Das gibt Bertha auch bei einem der letzten Besuche von Icki Haag in ihrem Alterssitz ungewohnt offen zu. *„Ich hätte doch in London bleiben sollen. Da ist ja Rolf Hahn, der hätte mich öfters besuchen können."*
Solche persönlichen Be- und Erkenntnisse hat die Besucherin von Bertha in den ganzen langen Jahren ihrer Bekanntschaft trotz großer Vertrautheit äußerst selten gehört. Es geht der Ex-Kölnerin nicht gut, jetzt zeigt sie gegenüber ihrer Bekannten ab und zu ihre Befindlichkeit, die sonst hinter einem Schutzschild aus Anspruchsdenken, Missmut und Verbitterung versteckt liegt.

Sehr unglücklich und allein

„Liebste Icki,
ich schreibe so schlecht und deshalb schreibe ich nicht mehr und das telefonieren ist mir zu schwierig, sehr verspätet danke ich Ihnen für Ihre Briefe, bitte entschuldigen Sie mich. Was mir eigentlich fehlt weiß ich nicht da nie ein Doktor kommt. Ich kann noch etwas gehen bin aber viel schwindelig. Mit R H [Rolf Hahn] telefoniere ich ja das ist einfach. Wie schön, daß er wieder bei Ihnen war. Ich möchte Sie gerne für eine Woche hierhin einladen. Ich bezahle auch Ihren Flug wenn Sie bald kommen könnten? Ich spreche ja mit niemanden hier, Ted und Jane kommen selten. Das Bild kam. Ich kann noch lesen und 3 x wöchentlich kommt Mrs. Butler sie hilft mir. Ich bin im Grunde genommen sehr unglücklich, das Altsein ist schlimm wenn man so allein ist. Ich hoffe, bald von Ihnen zu hören, es würde mir etwas Mut geben, wenn Sie kommen. Ich habe nichts von Ihnen aus USA gehört, ob Sie mir nicht geschrieben haben? Wir hatten ja die Hitze hier und heute wo das Tennis angefangen hat regnet es. So sende ich Ihnen die allerherzlichsten Grüße auch an Mop [Dr. Hans Thünker]. Wenn R H zurück ist rufe ich ihn an. Hoffentlich sehe ich Sie ... [?] So bin ich wie stets Ihre Bertha"

Berthas Brief vom 27. Juni 1989 an ihre Vertraute ist der letzte heute noch existierende im Nachlass von Icki Haag.
Bertha stirbt am 23. Juli 1990 in Justins im Alter von 89 Jahren.

Ärztliche Diagnose

Als Frau Haag nach Berthas Tod nach Justins kommt, um Berthas Hutschachtel abzuholen, die sie ihr vermacht hat, trifft sie zufällig den Arzt, der das Altersheim regelmäßig besucht. Dr. Lewis ist überzeugt, dass das ganze Problem - wie er es formuliert - auch einer psychischen Krankheit nicht entstanden wäre, wenn Bertha ihren Beruf hätte weiter ausüben können.

Die Lebenswende

Es gibt einen entscheidenden Wendepunkt in Bertha Sanders Leben: die „Machtergreifung" der Nationalsozialisten. Danach wird die charmante und erfolgreiche Innenarchitektin der 1920er und 1930er Jahre, die vielseitig und selbstständig arbeitet, über die Jahre und Schritt für Schritt zu einer verbitterten und einsamen alten Frau, die ohne ihren Beruf leben muss, ohne ihre Heimat, ohne eigene Familie und fast ohne Freunde.

Der gute Stern

Die ersten 32 Jahre ihres Lebens - also gut ein Drittel - stehen unter einem guten Stern: Da ist ihre wohlhabende, gebildete und kosmopolitische Familie und die aufgeschlossene, modern denkende Mutter, die ihre Begabungen intensiv fördert. Knapp fünf Jahre dauert ihre Berufsausbildung einschließlich der praktischen Erfahrungen in den Büros bekannter Architekten. Nur insgesamt sechs Jahre kann Bertha erfolgreich und ungehindert als selbstständige Innenarchitektin in Köln arbeiten. Dazwischen fallen zwei Phasen ihrer Tuberkulose-Erkrankung mit Kuren und Behandlungen: einmal während ihrer Ausbildung, dann über drei Jahre lang während ihrer freiberuflichen Karriere.

Der schlechte Stern

Dann verändert ein anderer Stern ihr ganzes weiteres Leben: der von den Nationalsozialisten bald danach erzwungene Judenstern, dessen Tragen sie sich durch rechtzeitige Emigration entzieht. Dieser unfreiwillige Entschluss und seine Folgen prägen ab 1933 ihre nächsten 57 Lebensjahre, somit fast zwei Drittel ihrer Lebenszeit. Schon zuvor war die Tätigkeit der begabten Innenarchitektin durch die Weltwirtschaftskrise behindert, dann kamen die Arbeitsverbote für Jüdinnen und Juden. 1936 schließlich wandert Bertha mit ihrer Mutter notgedrungen nach London aus. Dort aber darf sie in ihrem Beruf höchstens „freelance" arbeiten - falls sie Kunden findet. Drei Jahre später beginnt der Zweite Weltkrieg und die „feindliche Ausländerin" darf in England gar nicht mehr arbeiten, ist zu „Kriegsarbeit" verpflichtet. Anschließend beansprucht ihre Mutter mehr und mehr Versorgung und Pflege, bis sie im Juni 1958 stirbt.

Leben, erstmals allein

Jetzt ist Bertha 57 Jahre alt, erstmals wohnt sie auf Dauer allein. Sie lebt im Exil, fern ihrer geliebten Vaterstadt und ihres Heimatlandes - beide besucht sie nach der Emigration nie mehr. Ein knappes Drittel ihrer Lebenszeit macht diese späte Zeit in London und an ihrem Alterswohnsitz auf dem Land aus. Mit neuen Kontakten in der Nähe tut sie sich zeitlebens schwer, sie pflegt die alten in Deutschland und in der Welt, meist brieflich und auf Distanz, ohne viel eigenes Reisen. Nur sehr wenige Menschen werden in ihrer Londoner Zeit zu neuen Freunden. Zu den wenigen Vertrauten gehören die Heidelbergerin Icki Franziska Haag, deren Engagement und Beharrlichkeit Bertha posthum die Ausstellung im Jahr 2013/14 im NS-Dokumentationszentrum der Stadt Köln zu verdanken hat. Und Dr. Rudolf Hahn, Berthas „Herr Doktor", stellt in den 1970er- oder 1980er-Jahren seiner alten Freundin Icki Haag die „kölsche Frau mit Hund" vor und kümmert sich selbst bis zu ihrem Lebensende geduldig um die einst strahlende und erfolgreiche Frau aus Köln.

Die schöne Zeit und das elende Leben danach

1984 zieht Bertha traurig die private Bilanz ihres Lebens, als sie an die „liebe gute Anna", die Witwe ihres Kölner Malerfreundes Fassbender schreibt: *„Eigentlich denke ich nicht gerne an die schöne Zeit die ich gehabt habe und wie glücklich ich in meinem Beruf war. Das elende Leben das ich jetzt habe. Ich fühle mein Alter sehr, meine Arthritis und kann kaum* *mehr gehen und bin immer müde. Ich habe ja all meine guten Freunde verloren. Ich habe [ein] paar aber nicht wie Ihr Alten..."*

Teil III

Anhang

Berthas Hutschachtel zieht nach Köln

Oktober 2013: Nun ist die Hutschachtel leer. Ihr Inhalt hat zusammen mit Wiedergefundenem und Neurecherchiertem zu einer Ausstellung und zu diesem kleinen Geschichtenbuch über Bertha Sanders Leben geführt. Zeichnungen und Tapeten, Fotos, Papiere und Dokumente liegen von November 2013 bis März 2014 in den Schaukästen der Ausstellung im NS-Dokumentationszentrum der Stadt Köln. Anschließend geht (fast) alles als Schenkung in den Besitz dieser Institution über.

Viele Fragen sind nicht beantwortet und werden es wohl auch nicht mehr. Aber von der Hutschachtel, die bei der ganzen Bertha-Sander-Geschichte eine wahrhaft tragende und titelgebende Rolle spielt, war bisher noch gar nicht die Rede. Das wird hiermit nachgeholt. Woher kommt sie, hat Bertha sie gekauft oder geschenkt bekommen? Aus welcher Zeit stammt das nicht aus Leder, sondern aus lackiertem Leinen fabrizierte Leichtgewicht? Sind in diesem Behältnis wirklich einmal Hüte auf Reisen gewesen und wenn ja, dann wo? Hat Bertha überhaupt Hüte getragen? Dazu gibt es wenigstens eine halbe Antwort: Die junge Innenarchitektin, die Emigrantin oder die alte Dame trägt auf keinem der vielen Fotos, die ich angeschaut habe, einen Hut - weder in Köln oder Venedig, noch an der Côte d'Azur oder in London. Beim Eislaufen in den Schweizer Bergen ist es eine chice Strickmütze. Nur auf einer Aufnahme vor der Villa Mosella verschwindet die zehnjährige Bertha fast unter einem großen Hut mit üppigem Stoffband oder Schal. Dafür kann die besagte Hutschachtel sicher nicht gedacht gewesen sein. Aber zumindest der Weg, den diese seit den 1970er Jahren genommen hat, ist nachvollziehbar. Da „wohnte" sie - und wahrscheinlich nicht erst seit Kurzem - mit Bertha in ihrem Gartenstadt-Häuschen im Norden von London. Im Herbst 1985 zog sie mit Bertha aufs Land, in das private Altenheim Justins in East Sussex. Im zweiten Halbjahr 1990, nach Berthas Tod, holte Icki Haag dort das Erinnerungsstück ab. Es machte Zwischenstation in London, wurde sicherlich Rolf Hahn gezeigt und reiste mit Frau Haag per Flugzeug nach Frankfurt, um schließlich in Heidelberg-Neuenheim anzukommen.

Zu dieser Zeit ist aus unseren nachbarlichen Treppengesprächen schon lange eine gute Bekanntschaft geworden - und aus Londoner Erzählungen ist ein kleines gemeinsames Vorhaben. Die Dokumente wandern nahezu komplett zu mir in den zweiten Stock, damit ich weiter recherchieren kann. Die leere Hutschachtel bleibt im ersten Stock und wird mit der Nachbarin noch nach Brühl und wieder zurück nach Heidelberg umziehen. Was dann rund um die Hutschachtel und ihren erweiterten Inhalt geschieht, wurde zuvor erzählt. Im Oktober 2000 verlasse ich Heidelberg in Richtung Berlin. Der Hutschachtel-Inhalt ruht derweil weiter im Bergischen Land, im Familien-Depot in der „Bertha-Kiste". Zu meiner früheren Heidelberger Nachbarin habe ich weiterhin Kontakt. Zu meinem Geburtstag im Jahr 2005 hat sie eine einmalige Überraschung parat: Sie schenkt mir Berthas Hutschachtel - welch' große Geste dieser klugen und charmanten Frau! Ihrem ungewöhnlichen Engagement und ihrer freundlichen Hartnäckigkeit habe ich letztendlich die wunderschöne Aufgabe zu verdanken, aus der die Ausstellung, ein E-Book und dieses Buch entstanden sind.

Die schöne schwarze Hutschachtel findet in Berlin einen Platz in meinem Bücherregal. Den Hutschachtel-Inhalt habe ich im Winter 2010/11 gesichtet. Zwei Dinge davon kommen nicht in Mappen, Hüllen oder Boxen: Dagoberts gerahmtes Foto, das bis zu Berthas Lebensende über ihrem Bett hing und das kleine aquarellierte Porträt, das vom Dachboden des Altenheims zu mir kam. Es stellt zweifelsfrei Bertha dar und wurde meiner Meinung nach von Dagobert Peche gemalt. Wer sonst konnte in ihrem Umfeld damals so malen und zeichnen, auch den Wiener-Werkstätte-Stoff ihrer Bluse? Der elegante Dagobert mit dem melancholischen Blick steht fortan an meinem Schreibtisch, die kesse junge Bertha hat einen schlichten schwarzen Rahmen und ein spezielles Plätzchen an meiner Bilderwand bekommen. Den Winter 2013/14 verbringen alle Drei, Bertha, Dago und die Hutschachtel, in der Bertha-Sander-Ausstellung im NS-Dokumentationszentrum der Stadt Köln am Appellhofplatz. Dorthin werden sie auch irgendwann ganz sicher für immer zurückkehren, aber vorher müssen sie wieder zu mir zurück. Ich habe mich an sie gewöhnt, sie sind mir ans Herz gewachsen. Und Icki Haag sowieso.

Ulla Rogalski, im Oktober 2013

Danksagung

Mein besonderer Dank gilt dem NS-Dokumentationszentrum der Stadt Köln, das 2013 die Ausstellung über Bertha Sander möglich machte, und dort speziell Dr. Jürgen Müller, der das Projekt von Anfang an mit höchstem Engagement unterstützte. Herzlichsten Dank für die wunderbare Zusammenarbeit.

Andreas Naurath (Grafik & Satz, Berlin) sei gedankt für seine engagierte Arbeit und Unterstützung dieses Projektes.

Mein bester Dank geht an die Personen und Institutionen, die bei der Recherche hilfreich waren:
British Library für The Patent Office, London: Maria Lampert
Ilse Diebold, Heidelberg
Prof. Dr. Uwe Dreiss, Stuttgart
Christian Gryglewicz, Spa/Belgien
Hans Hahn, Frankfurt am Main
MAK Museum für Angewandte Kunst, Wien: Dr. Sebastian Hackenschmidt, Dr. Elisabeth Schmuttermeier
Barbara Piert-Borgers und Walter Borgers, Köln
Gisela Schneider, Heidelberg
Ville de Liège/Belgien: M. Marcelino Arguëlles
Ville de Spa/Belgien: M. François Tasquin
Victoria & Albert Museum, London (Archives of Art and Design, Library, Metal Work, Print Room)
Wienbibliothek, Wien: Mag. Suzie Wong, Dr. Marcel Atze
Dr. Christian Witt-Dörring, Wien

Ein herzliches Danke für ihre tatkräftige Unterstützung, Hilfe und Tipps:
Elke Giese
Katrin Gloor
Thomas Karthaus
Ilex Neß
Jürgen Rogalski
Rainer Stach
Silvie Walther

Coco Wolf-Gediehn
Mac-Support: Service Offensive, Berlin: Reinhard Gritzuhn, Ben Sommer

Bildnachweis

NS-Dokumentationszentrum der Stadt Köln und Privatbesitz

Stiftung zur Förderung jüdischer Frauen in Kunst & Wissenschaft

Wir unterstützen Projekte von

Künstlerinnen und Wissenschaftlerinnen

jüdischer Herkunft oder jüdischen Glaubens,
die in Deutschland leben.

Ziel der Stiftung ist es, ein vielgestaltiges jüdisches Leben in Deutschland zu fördern.

Stiftung ZURÜCKGEBEN
im Haus der Demokratie und Menschenrechte
Greifswalder Str. 4
10405 Berlin
Tel: 030-420 22645
Fax: 030-42023330

Email: info@stiftung-zurueckgeben.de
Homepage: www.stiftung-zurueckgeben.de

Stiftung ZURÜCKGEBEN
Berliner Volksbank eG
BLZ 100 900 00
Kto. 523 2205 000

Das Verlagsprogramm von **MARTA PRESS** (gegr. 2012) umfasst

- **biografische** Frauen-, Lesben- & Männer-Literatur
- thematische, auch akademische **Frauen-/Männer-/ Geschlechterforschung**
- queer-/feministische **Gesellschaftskritik**
- Literatur zu/über **(Sub)Kulturen, Kunst & Fashion**
- belletristische, biografische und sachliche Literatur sowie künstlerische Auseinandersetzungen zu psychischer, physischer und sexualisierter **Gewalt** u. deren **Traumatisierungsfolgen**;
- Literatur zu Holocaust/ Shoah/ Nationalsozialismus/ Emigration;
- belletristische, biografische und Sachliteratur zu **psychischen Erkrankungen**;

Der Verlag ist interessiert an Manuskripten
von neuen oder erfahrenen AutorInnen.
Desweiteren fördert **MARTA PRESS** Vertreter/innen
von ART BRUT / OUTSIDER ART.
www.marta-press.de
Kontakt: marta-press@gmx.de

Niels Menke | **KOMMUNIKATIONSDESIGN**

BUCHGESTALTUNG
ILLUSTRATION
FOTOGRAFIE
TYPOGRAFIE
CORPORATE DESIGN
VERPACKUNGSDESIGN

Niels Menke · Dipl.-Des.
Beethovenstr. 14 · 22083 Hamburg · Tel. 040-320 30 357 · nm@email.de

www.niels-menke.de

www.ingramcontent.com/pod-product-compliance
Lightning Source LLC
Chambersburg PA
CBHW032227080426
42735CB00008B/742